广告师手册

影视栏目与商业广告制作从入门到精通（剪映版）

广告师技能树

- 影视后期剪辑
- 画中画综艺分屏
- 后期包装文字动画
- 影视栏目片头制作
- 影视栏目片尾制作
- 综艺栏目特效制作
- 商务宣传短片制作
- 产品广告短片制作

木白 编著

北京大学出版社
PEKING UNIVERSITY PRESS

内 容 提 要

广告，是商业社会中的重要元素，几乎无处不在。不论是在繁华都市的写字楼中，还是在偏远乡村的土墙上；不论是在中心城区的快捷酒店里，还是在旅游城市的特色民宿旁；不论是在老年机的短信中，还是在智能手机的开屏动画上；不论是在微信公众号的文章中，还是在小红书的图文笔记里；不论是在知乎的问答中，还是在抖音、快手、B站等平台的视频里……从原生态的农耕时代，到繁华的互联网时代，所有人都能看到或直白、或温馨、或热烈、或隐晦、或愉悦的各种广告。优秀的广告，能够让用户在视觉、听觉、触觉，甚至嗅觉上有某种体验，引导其产生购买产品的欲望，那么，优秀的广告是如何产生的呢？让人眼前一亮的影视栏目和视频类商业广告又是如何制作出来的？本书将为你详细讲解！

本书共8章内容，包括影视广告基本剪辑、栏目广告文字动画、节目画中画广告特效、栏目广告片头片尾、（预告）精彩视频抢先观看、商务广告短片制作、品牌广告短片制作，以及主图视频广告制作，书中案例均挑选自目前热点广告形式和视觉效果，不仅讲解了剪映电脑版的广告制作方法，也同步讲解了剪映手机版的广告制作要点，让您买一本书，精通剪映两个版本，轻松玩转剪映电脑版＋手机版，随时、随地制作出精美的、满足各种应用场景的广告视频。

本书案例丰富、实用，既适合对影视栏目和商业广告感兴趣的读者阅读，也适合影视广告、商务广告、品牌广告等相关领域的从业人员阅读，还可以供学校或培训机构中的新媒体、数字媒体、数字艺术专业作为教材使用。

图书在版编目（CIP）数据

广告师手册：影视栏目与商业广告制作从入门到精通：剪映版 / 木白编著. -- 北京：北京大学出版社，2023.3

ISBN 978-7-301-33634-2

Ⅰ.①广… Ⅱ.①木… Ⅲ.①商业广告—制作—手册 Ⅳ.① F713.81-62

中国版本图书馆CIP数据核字(2022)第230202号

书　　　　名	广告师手册：影视栏目与商业广告制作从入门到精通（剪映版）	
	GUANGGAOSHI SHOUCE: YINGSHI LANMU YU SHANGYE GUANGGAO ZHIZUO CONG RUMEN DAO JINGTONG (JIANYING BAN)	
著作责任者	木白　编著	
责 任 编 辑	滕柏文	
标 准 书 号	ISBN 978-7-301-33634-2	
出 版 发 行	北京大学出版社	
地　　　　址	北京市海淀区成府路205号　100871	
网　　　　址	http://www.pup.cn　　新浪微博：@北京大学出版社	
电 子 信 箱	pup7@pup.cn	
电　　　　话	邮购部 010-62752015　发行部 010-62750672　编辑部 010-62570390	
印 刷 者	北京宏伟双华印刷有限公司	
经 销 者	新华书店	
	787毫米×1092毫米　16开本　14.5印张　420千字	
	2023年3月第1版　2023年3月第1次印刷	
印　　　　数	1-4000册	
定　　　　价	89.00元	

未经许可，不得以任何方式复制或抄袭本书之部分或全部内容。
版权所有，侵权必究
举报电话：010-62752024　电子信箱：fd@pup.pku.edu.cn
图书如有印装质量问题，请与出版部联系，电话：010-62756370

前　　言

关于本系列图书

感谢您翻开本系列图书。

面对众多的短视频制作与设计教程图书，或许您正在为寻找一本技术全面、参考案例丰富的图书而苦恼，或许您正在为不知该如何进入短视频行业学习而踌躇，或许您正在为不知自己能否做出书中的案例效果而担心，或许您正在为买一本靠谱的入门教材而仔细挑选，或许您正在为自己进步太慢而焦虑……

目前，短视频行业的红利和就业机会汹涌而来，我们急您所急，为您奉献一套优秀的短视频学习用书——"新媒体技能树"系列，它采用完全适合自学的"教程＋案例"和"完全案例"两种形式编写，兼具技术手册和应用技巧参考手册的特点，随书附赠的超值资料包不仅包含视频教学、案例素材文件、教学 PPT 课件，还包含针对新手特别整理的电子书《剪映短视频剪辑初学 100 问》、103 集视频课《从零开始学短视频剪辑》，以及对提高工作效率有帮助的电子书《剪映技巧速查手册：常用技巧 70 个》。此外，每本书都设置了"短视频职业技能思维导图"，以及针对教学的"课时分配"和"课后实训"等内容。希望本系列书能够帮助您解决学习中的难题，提高技术水平，快速成为短视频高手。

● 自学教程。本系列图书中设计了大量案例，由浅入深、从易到难，可以让您在实战中循序渐进地学习到软件知识和操作技巧，同时掌握相应的行业应用知识。

● 技术手册。书中的每一章都是一个小专题，不仅可以帮您充分掌握该专题中提及的知识和技巧，而且举一反三，带您掌握实现同样效果的更多方法。

● 应用技巧参考手册。书中将许多案例化整为零，让您在不知不觉中学习到专业案例的制作方法和流程。书中还设计了许多技巧提示，恰到好处地对您进行点拨，到了一定程度后，您可以自己动手，自由发挥，制作出相应的专业案例效果。

● 视频讲解。每本书都配有视频教学二维码，您可以直接扫码观看、学习对应本书案例的视频，也可以观看相关案例的最终表现效果，就像有一位专业的老师在您身边一样。您不仅可以使用本系列图书研究每一个操作细节，还可以通过在线视频教学了解更多操作技巧。

剪映应用前景

剪映，是抖音官方的后期剪辑软件，也是国内应用最多的短视频剪辑软件之一，由于其支持零基础轻松入门剪辑，配备海量的免费版权音乐，不仅可以快速输出作品，还能将作品无缝衔接到抖音发布，具备良好的使用体验，截至 2022 年 7 月，剪映在华为手机应用商店的下载量达 42 亿次，在苹果手机应用商店的下载量达 5 亿次，加上在小米、OPPO、vivo 等其他品牌手机应用商店的下载量，共收获超过 50 亿次的下载量！

在广大摄影爱好者和短视频拍摄、制作人员眼中，剪映已基本完成了对"最好用的剪辑软件"这一印象的塑造，俨然成为市场上手机视频剪辑的"第一霸主"软件，将其他视频剪辑软件远远甩在身后。在日活用户大于 6 亿的平台上，剪映的商业应用价值非常高。精美的、有创意的视频，更能吸引用户的目光，得到更多的关注，进而获得商业变现的机会。

剪映软件也有电脑版

可能有许多新人摄友不知道，剪映不仅有手机版软件，还发布了电脑端的苹果版和 Windows 版软件。因为功能的强大与操作的简易，剪映正在"蚕食"Premiere 等电脑端视频剪辑软件的市场，或许在不久的将来，也将拥有众多的电脑端用户，成为电脑端的视频剪辑软件领先者。

剪映电脑版的核心优势是功能的强大、集成，特别是操作时比 Premiere 软件更为方便、快捷。目前，剪映拥有海量短、中视频用户，其中，很多用户同时是电脑端的长视频剪辑爱好者，因此，剪映自带用户流量，有将短、中、长视频剪辑用户一网打尽的基础。

随着剪映的不断发展，视频剪辑用户在慢慢转移，之前 Premiere、会声会影、AE 的视频剪辑用户，可能会慢慢"转粉"剪映；还有初学者，剪映本身的移动端用户，特别是既追求专业效果又要求产出效率的学生用户、Vlog 博主等，也会逐渐"转粉"剪映。

对比优势

剪映电脑版，与 Premiere 和 AE 相比，有什么优势呢？根据本书作者多年的使用经验，剪映电脑版有 3 个特色。

一是配置要求低：Premiere 和 AE 对电脑的配置要求较高，处理一个大于 1GB 的文件，渲染几个小时算是短的，有些几十 GB 的文件，一般要渲染一个通宵才能完成，而使用剪映，可能十几分钟就可以完成制作并导出。

二是上手快：Premiere 和 AE 界面中的菜单、命令、功能太多，而剪映是扁平式界面，核心功能一目了然。学 Premiere 和 AE 的感觉，相对比较困难，而学剪映更容易、更轻松。

三是功能强：过去用 Premiere 和 AE 需要花上几个小时才能做出来的影视特效、商业广告，现在用剪映几分钟就能做出来；在剪辑方面，无论是方便性、快捷性，还是功效性，剪映都优于两个老牌软件。

简单总结：剪映电脑版，比 Premiere 操作更易上手！比 Final Cut 剪辑更为轻松！比达芬奇调色更为简单！剪映的用户数量，比以上 3 个软件的用户数量之和还要多！

从易用角度来说，剪映很可能会取代 Premiere 和 AE，在调色、影视、商业广告等方面的应用越来越普及。

系列图书品种

剪映强大、易用，在短视频及相关行业深受越来越多的人喜欢，逐渐开始从普通使用转为专业使用，使用其海量的优质资源，用户可以创作出更有创意、视觉效果更优秀的作品。为此，作者特意策划了本系列图书，希望能帮助大家深入了解、学习、掌握剪映在行业应用中的专业技能。本系列图书包含以下 7 本：

❶《运镜师手册：短视频拍摄与脚本设计从入门到精通》
❷《剪辑师手册：视频剪辑与创作从入门到精通（剪映版）》
❸《调色师手册：视频和电影调色从入门到精通（剪映版）》
❹《音效师手册：后期配音与卡点配乐从入门到精通（剪映版）》
❺《字幕师手册：短视频与影视字幕特效制作从入门到精通（剪映版）》
❻《特效师手册：影视剪辑与特效制作从入门到精通（剪映版）》

❼《广告师手册：影视栏目与商业广告制作从入门到精通（剪映版）》

本系列图书特色鲜明。

一是细分专业：对短视频最热门的 7 个维度——运镜（拍摄）、剪辑、调色、音效、字幕、特效、广告进行深度研究，一本只专注于一个维度，垂直深讲！

二是实操实战：每本书设计 50~80 个案例，均精选自抖音上点赞率、好评率最高的案例，分析制作方法，讲解制作过程。

三是视频教学：作者对应书中的案例录制了高清语音教学视频，读者可以扫码看视频。同时，每本书都赠送所有案例的素材文件和效果文件。

四是双版讲解：不仅讲解了剪映电脑版的操作方法，同时讲解了剪映手机版的操作方法，让读者阅读一套书，同时掌握剪映两个版本的操作方法，融会贯通，学得更好。

短视频职业技能思维导图：广告师

本书内容丰富、结构清晰，现对要掌握的技能制作思维导图加以梳理，如下所示。

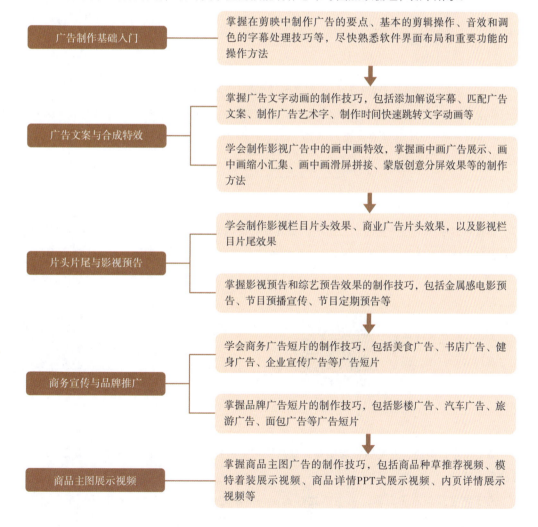

课程安排建议

本书是以上系列中的一本,为《广告师手册:影视栏目与商业广告制作从入门到精通(剪映版)》,以剪映电脑版为主,手机版为辅,课时分配具体如下(教师可以根据自己的教学计划对课时进行适当调整)。

章节内容	课时分配	
	教师讲授	学生上机实训
第1章 入门:影视广告基本剪辑	0.5 小时	0.5 小时
第2章 文案:栏目广告文字动画	1 小时	1 小时
第3章 合成:节目画中画广告特效	1.5 小时	1.5 小时
第4章 精选:栏目广告片头片尾	2 小时	2 小时
第5章 预告:精彩视频抢先观看	1.5 小时	1.5 小时
第6章 宣传:商务广告短片制作	2 小时	2 小时
第7章 推广:品牌广告短片制作	2 小时	2 小时
第8章 展示:主图视频广告制作	2 小时	2 小时
合计	12.5 小时	12.5 小时

温馨提示

编写本书时,作者基于剪映软件截取实际操作图片,但书从编写到编辑出版需要一段时间,在这段时间里,软件界面与功能会有调整与变化,比如有的内容删除了,有的内容增加了,这是软件开发商做的更新,很正常。读者在阅读本书时,可以根据书中的思路,举一反三地进行学习,不必拘泥于细微的变化。

素材获取

读者可以用微信扫一扫右侧二维码,关注官方微信公众号,输入本书77页的资源下载码,根据提示获取随书附赠的超值资料包的下载地址及密码。

观看《广告师手册》视频教学,请扫码:

观看103集视频课《从零开始学短视频剪辑》,请扫码:

作者售后

本书由木白编著,刘华敏参与编写,提供视频素材和拍摄帮助的人员还有向小红、邓陆英等人,在此表示感谢。

由于作者知识水平有限,书中难免有错误和疏漏之处,恳请广大读者批评、指正,联系微信:157075539。

木白

目 录

第1章 入门：影视广告基本剪辑

1.1 广告师与广告   002
1.2 基础剪辑操作   004
     1.2.1 调整广告时长：《交通安全》   004
     1.2.2 加快广告速度：《吸管水杯》   006
     1.2.3 抠取绿幕背景：《红星手机》   008
1.3 音效与调色   010
     1.3.1 添加广告音效：《冰峰汽水》   010
     1.3.2 优化广告色彩：《甄选珠宝》   012
课后实训：导出高品质广告视频   015

第2章 文案：栏目广告文字动画

2.1 影视栏目文字   017
     2.1.1 添加解说字幕：《达尔电脑》   017
     2.1.2 广告字幕左滑：《冠名与赞助》   020
     2.1.3 匹配广告文案：《途城旅游网》   024
2.2 广告文字动画   025
     2.2.1 广告艺术文字：《制冰模具》   025
     2.2.2 时间快速跳转：《购物节倒计时》   031
课后实训：套用文字模板   036

第3章 合成：节目画中画广告特效

3.1 常用的画中画效果   039
     3.1.1 画中画广告展示：《希尔抱枕》   039
     3.1.2 画中画缩小汇集：《逍风汽车》   042
     3.1.3 画中画滑屏拼接：《腾达电动车》   046
3.2 蒙版创意分屏效果   051
     3.2.1 录制地点矩形分屏：《竹海山林》   051
     3.2.2 线条分割画面效果：《随心口香糖》   053
课后实训：用圆形蒙版制作画中画   060

第4章 精选：栏目广告片头片尾

4.1 影视栏目片头   062
     4.1.1 上下屏开幕效果：《云层之下》   062
     4.1.2 片名缩小效果：《心动一夏》   064
     4.1.3 娱乐新闻片头：《娱乐新头条》   069
     4.1.4 节目箭头开场：《一城一味》   070
4.2 商业广告片头   073
     4.2.1 烟火文字开场：《东方食代》   073
     4.2.2 烟雾消散片头：《密室大逃脱》   076
     4.2.3 商品推荐片头：《风格女装》   080
4.3 影视栏目片尾   086
     4.3.1 线条边框滚动效果：《片尾1》   086
     4.3.2 蒙版渐变滚动效果：《片尾2》   093
课后实训：飞机拉泡泡开场效果   099

第5章 预告：精彩视频抢先观看

5.1 影视预告   101
     5.1.1 金属感电影预告：《卧虎危机》   101
     5.1.2 电影质感大片预告：《12时辰》   107
5.2 综艺预告   112
     5.2.1 节目预播宣传：《出发去旅行》   112
     5.2.2 节目定期预告：《城市里的声音》   118
课后实训：制作节目首播预告   122

第6章 宣传：商务广告短片制作

6.1 美食广告：《筷乐餐厅》   125
6.2 书店广告：《湖南书城》   133
6.3 健身广告：《阳光健身房》   147
课后实训：企业宣传短片   154

第7章 推广：品牌广告短片制作

7.1	影楼广告：《拾光写真馆》	157
7.2	汽车广告：《驰风汽车》	167
7.3	旅游广告：《顾景旅行社》	178

课后实训：面包广告短片　　　　190

第8章 展示：主图视频广告制作

8.1	商品种草推荐	194
	8.1.1 突出商品卖点：《行李箱》	194
	8.1.2 添加电商贴纸：《拖鞋》	197
	8.1.3 叠加显示多个商品：《棒球帽》	199
	8.1.4 制作商品解说配音：《加湿器》	202
8.2	模特着装展示	206
	8.2.1 静态展示视频：《连衣裙》	207
	8.2.2 动态展示视频：《粉色休闲裤》	211
8.3	商品详情展示	215
	8.3.1 商品PPT式展示：《复古音响》	215
	8.3.2 内页详情展示：《图书宣传》	217

课后实训：添加动画展示商品　　　　221

附录　剪映快捷键大全　　　　223

第 1 章 入门：影视广告基本剪辑

本章主要介绍广告师需要了解的相关理论，以及影视广告制作后期的基本剪辑操作，包括如何调整广告时长、如何加快广告速度、如何抠取绿幕背景、如何添加广告音效、如何优化广告色彩等内容。理论加实操，帮助大家快速入门，学会使用剪映电脑版和剪映手机版进行简单的影视广告剪辑，为后续学习夯实基础。

1.1 广告师与广告

曾经有人说,广告,通俗来讲,就是"广而告之"。这种说法没有错,但有一种更专业、更简单的说法,即广告,用于"传播"。做广告,是一种典型的营销传播行为,其目的大多是"打响"品牌、推广产品、提高产品销量。

从前,广告大多被投放在路牌、报纸以及杂志上,随着时代的发展、科技的进步,广告开始在电视上出现,如今,公众号、小程序、电商平台、短视频平台以及游戏平台等各个地方,都能看到商家投放的各种广告,广告形式从静态的平面图,慢慢拓展为动态的视频。

大众在日常生活中,随时可能接收各种广告信息,作为广告师,对于静态广告和动态广告这两种形式的广告都要有基本认知,只有掌握不同广告形式的特征,才能更好地策划广告,展示产品优势。

静态的平面图广告,有主题明确、核心部分简洁明了的优点,但画面相对受限,内容不够丰富;动态的视频广告,则不仅可以明确地表达主题、展示核心部分,而且内容也比较丰富,局限性小,此外,品牌方还可以录制语音旁白,向消费者介绍更多的内容,如果搭配一段合适的背景音乐,效果可以更好。

广告的表现风格多种多样,可以写实,也可以写意。广告的内容涉及面广泛,比如,公益广告、环境保护广告、城市宣传广告、企业文化广告、旅游广告、婚纱影楼广告、饮料食品广告、美妆服装广告、家居电器广告等。如图1-1至图1-10所示,都是我们日常生活中常见的广告。

图1-1

图1-2

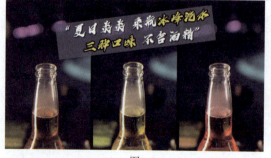

图1-3

图1-4

图1-5

图1-6

图1-7

图1-8

图1-9

图1-10

以上图示的广告，都可以借助剪映来制作。

无论是剪映手机版，还是剪映电脑版，功能都很强大，有着丰富的字幕素材、特效素材、转场素材、滤镜素材、音乐素材等，操作容易、轻松，剪辑方便、快捷，能够多方面满足广告师的创作需求。

在剪映中制作广告短片，广告师必须掌握动画效果和字幕效果的制作技能。

在制作广告短片时，为了让观众直观地了解广告内容和信息，广告文案是必不可少的。剪映的文本功能非常完善，用户添加默认文本后，可以根据广告内容，设置文字字体、颜色和样式等；可以使用"花字"功能，制作艺术字；可以在"动画"操作区中，为文字添加动画效果，提高广告内容的观赏性。此外，剪映还为用户提供了"文字模板"素材库，用户没有很好的创意时，可以选用文字模板，只需要修改文本内容，即可完成套用。

在广告视频中，动画效果好看与否，会直接影响观众的视觉体验。剪映电脑版的"动画"操作区如图1-11所示、"蒙版"选项卡如图1-12所示，在剪映中，制作广告特效和动画效果，都需要用到"动画"功能和"蒙版"功能，这样制作出来的广告视频内容才丰富、美观。除此之外，关键帧也是制作广告动画效果的一大"神器"，为图片或文字添加关键帧，调整位置、大小、旋转角度以及不透明度等，可以让图片或文字动起来。

图1-11　　　　　　　　　　　　　　　图1-12

1.2 基础剪辑操作

在剪映中剪辑视频，最基本的是学会调整广告视频的时长、剪出精彩片段，广告时间太长了，观众会没有耐心看；其次要学会控制广告视频的播放速度，把控节奏感；此外，要想广告精彩有趣，还要学会绿幕抠图，因为很多特效都是用绿幕素材制作出来的。

1.2.1 调整广告时长：《交通安全》

效果展示　在剪映中导入视频素材之后就可以进行剪辑操作了，当导入的视频时长太长时，可以通过拖曳视频左右两端的白色拉杆调整时长，也可以对视频进行分割和片段删除，只留下精彩的片段，让广告视频节奏不拖沓。《交通安全》公益广告效果如图 1-13 和图 1-14 所示。

图1-13　　　　　　　　　　　　　　　图1-14

1. 用剪映电脑版制作

剪映电脑版的操作方法如下。

步骤 01　在剪映电脑版的"媒体"功能区中，单击"导入"按钮，如图 1-15 所示。

步骤 02　导入广告视频素材并单击"添加到轨道"按钮，如图 1-16 所示。

图1-15

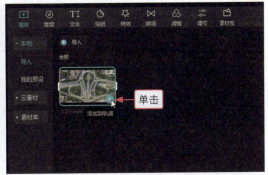

图1-16

步骤 03 将视频添加到视频轨道中,❶拖曳时间指示器至主题文字即将消失的位置;❷单击"分割"按钮,如图1-17所示。

步骤 04 ❶选择分割后的后半段视频;❷单击"删除"按钮,将多余的视频片段删除,如图1-18所示。

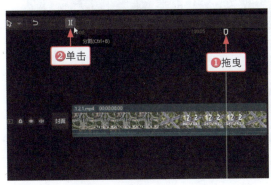

图1-17　　　　　　　　　　　　　图1-18

2. 用剪映手机版制作

剪映手机版的操作方法如下。

步骤 01 在剪映手机版中,点击"开始创作"按钮,如图1-19所示。

步骤 02 进入"照片视频"界面,❶选择广告视频素材;❷点击"添加"按钮,如图1-20所示。

步骤 03 将视频添加到视频轨道中,❶拖曳时间轴至主题文字即将消失的位置;❷点击"分割"按钮,如图1-21所示。

步骤 04 ❶选择分割后的后半段视频;❷点击"删除"按钮,将多余的视频片段删除,如图1-22所示。

图1-19

图1-20　　　　　　　　图1-21　　　　　　　　图1-22

1.2.2　加快广告速度：《吸管水杯》

效果展示　在剪映中，通过调整广告视频的播放速度，可以优化视觉效果，比如放慢速度可以渲染情绪，加快速度则给人一种快节奏的视觉冲击感。《吸管水杯》广告效果如图1-23至图1-25所示。

图1-23　　　　　　　　图1-24　　　　　　　　图1-25

1. 用剪映电脑版制作

剪映电脑版的操作方法如下。

步骤 01　❶在剪映电脑版的视频轨道中添加广告视频；❷单击鼠标右键，在弹出的快捷菜单中选择"分离音频"选项，如图1-26所示。将视频中的背景音乐分离出来，可以避免因视频加速而影响背景音乐的播放效果。

步骤 02　选择广告视频，在"变速"操作区中，设置"倍数"参数为2.0x，如图1-27所示。

图1-26　　　　　　　　　　　　图1-27

步骤 03　执行上述操作后，即可加快广告视频的播放速度，将视频时长缩短。完成视频变速设置后，拖曳背景音乐右侧的白色拉杆，调整背景音乐时长至与视频时长一致，如图1-28所示。

图1-28

2. 用剪映手机版制作

剪映手机版的操作方法如下。

步骤 01　在剪映手机版中，❶添加广告视频；❷点击"音频分离"按钮，如图1-29所示，将视频中的背景音乐分离出来。

步骤 02　❶选择广告视频；❷点击"变速"|"常规变速"按钮，如图1-30所示。

步骤 03　在"变速"面板中，拖曳滑块至2.0x，如图1-31所示。执行操作后，即可加快广告视频的播放速度，将视频时长缩短。完成视频变速设置后，调整背景音乐时长至与视频时长一致，完成广告制作。

图1-29　　　　　图1-30　　　　　图1-31

1.2.3 抠取绿幕背景:《红星手机》

效果展示 在很多影视剧的后期剪辑中,会使用绿幕素材制作特效。只要用户可以找到合适的绿幕素材,就可以在剪映中使用"色度抠图"功能,对绿幕素材进行抠图处理,将绿色抠除,制作出理想的视频效果。《红星手机》广告效果如图 1-32 和图 1-33 所示。

图1-32

图1-33

1. 用剪映电脑版制作

剪映电脑版的操作方法如下。

步骤 01 ❶在剪映电脑版的视频轨道中添加视频素材;❷在画中画轨道中添加手机广告绿幕素材,如图 1-34 所示。

步骤 02 选择绿幕素材,在"画面"操作区的"抠像"选项卡中,❶选中"色度抠图"复选框;❷单击"取色器"按钮 ；❸使用取色器在"播放器"面板中对绿色背景进行取色,如图 1-35 所示。

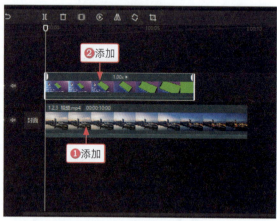

图1-34

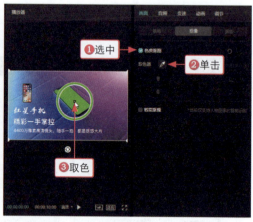

图1-35

步骤 03 设置"强度"和"阴影"参数均为 100,如图 1-36 所示,抠取画面中的绿色,显示视频画面。

图1-36

2. 用剪映手机版制作

剪映手机版的操作方法如下。

步骤 01　在剪映手机版中，❶添加一个视频素材；❷点击"画中画"|"新增画中画"按钮，如图1-37所示。

步骤 02　❶将绿幕素材添加到画中画轨道中；❷调整画面大小，使其铺满屏幕；❸点击"色度抠图"按钮，如图1-38所示。

步骤 03　使用取色器对绿色背景进行取色后，拖曳"强度"和"阴影"滑块均至100，如图1-39所示，抠取画面中的绿色，显示视频画面。

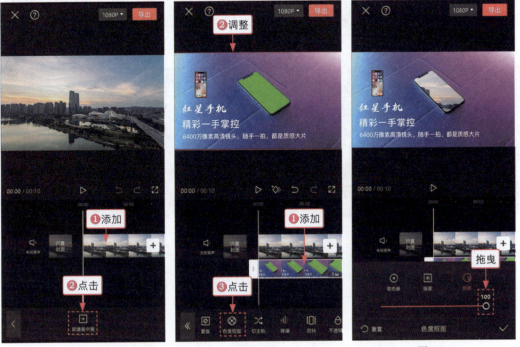

图1-37　　　　　　图1-38　　　　　　图1-39

1.3 音效与调色

剪映内置丰富的音乐素材与滤镜素材，用户剪辑视频时，可以在"音频"功能区中试听音乐，为视频添加合适的背景音乐，还可以通过搜索音乐的方式，搜寻需要的音乐和音效；在"滤镜"功能区中，用户可以为视频添加滤镜效果，对视频画面进行调色，使其画面更加精美。本节主要为大家介绍添加广告视频音效和优化广告视频色彩的基本操作方法，希望大家认真学习，举一反三。

1.3.1 添加广告音效：《冰峰汽水》

效果展示 在剪映中，用户可以根据广告视频的画面内容，为其添加对应的音效，让观众的视听感受更佳。《冰峰汽水》广告效果如图 1-40 至图 1-43 所示。

图1-40

图1-41

图1-42

图1-43

1. 用剪映电脑版制作

剪映电脑版的操作方法如下。

步骤 01 在剪映电脑版的视频轨道中添加视频素材后，在"音频"功能区中，❶展开"音效素材"选项卡；❷搜索"开汽水瓶"；❸单击目标音效中的"添加到轨道"按钮 ⊕，如图 1-44 所示。

步骤 02 执行上述操作后，❶即可在音频轨道中添加目标音效；❷拖曳时间指示器至音效结束处，如图1-45所示。

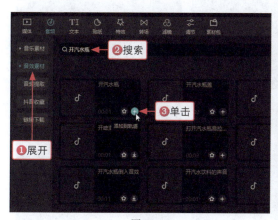
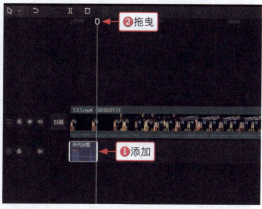

图1-44　　　　　　　　　　　　　图1-45

步骤 03 按【Ctrl + C】组合键复制音效后，按【Ctrl + V】组合键粘贴两个音效（案例广告中有3个开汽水瓶的动作），如图1-46所示，完成对广告音效的添加。

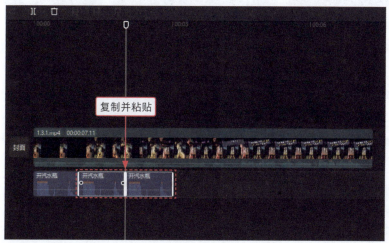

图1-46

2. 用剪映手机版制作

剪映手机版的操作方法如下。

步骤 01 ❶在剪映手机版的视频轨道中添加视频素材；❷点击"音频"|"音效"按钮，如图1-47所示。

步骤 02 执行上述操作后，❶搜索"开汽水瓶"；❷点击目标音效右侧的"使用"按钮，如图1-48所示。

步骤 03 执行上述操作后，❶在音频轨道中添加目标音效并调整音效时长为1s；❷点击"复制"按钮，如图1-49所示，复制并粘贴两个音效后，完成对广告音效的添加。

图1-47

图1-48

图1-49

1.3.2　优化广告色彩：《甄选珠宝》

效果对比　拍摄广告时，可能会因为灯光、环境等原因，导致画面色彩不够鲜明，画面质感较差，此时，我们可以通过使用剪映的滤镜效果和"调节"功能，对广告视频画面色彩进行优化。《甄选珠宝》广告优化色彩前后的效果对比如图 1-50 和图 1-51 所示。

图1-50

图1-51

1. 用剪映电脑版制作

剪映电脑版的操作方法如下。

步骤 01　在剪映电脑版中添加视频素材后，在"滤镜"功能区中，❶展开"复古胶片"选项卡；❷单击 KU4 滤镜效果中的"添加到轨道"按钮，如图 1-52 所示。

步骤 02　执行上述操作后，即可添加滤镜效果。调整滤镜效果时长至与视频时长一致，如图 1-53 所示。

步骤 03 在"滤镜"操作区中,设置"强度"参数为 70,如图 1-54 所示。

步骤 04 在"调节"功能区中,单击"自定义调节"中的"添加到轨道"按钮，如图 1-55 所示。执行操作后,即可添加调节效果,并调整其时长至与视频时长一致。

图1-52

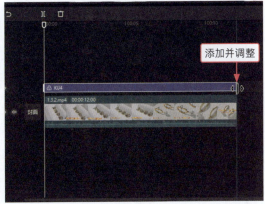

图1-53

图1-54

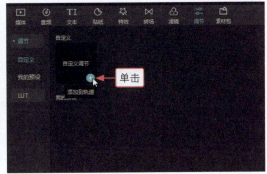

图1-55

步骤 05 在"调节"操作区中,设置"色温"参数为 -7、"色调"参数为 6、"饱和度"参数为 5、"亮度"参数为 13、"对比度"参数为 10、"高光"参数为 0、"阴影"参数为 -10、"光感"参数为 0、"锐化"参数为 13,如图 1-56 所示。

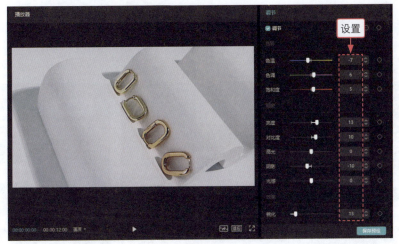

图1-56

>
>
> 在"调节"操作区中,各功能项作用如下:
> ● 色温:主要用于调节冷、暖色调,参数为负,可以将画面调为冷色调,画面偏蓝;反之则可以将画面调为暖色调,画面偏橙黄。
> ● 色调:主要用于调节红、绿色调,参数为负,可以将画面调为绿色调;反之则可以将画面调为洋红色调。
> ● 饱和度:主要用于调节色彩饱和程度,参数为负,画面色彩淡,参数负数值越小,色彩越偏灰白色;反之,参数为正,画面色彩浓,参数值越高,色彩越鲜明、浓烈。
> ● 亮度:主要用于调节画面的明暗度,参数为负,可以将画面调暗;反之则可以将画面调亮。
> ● 对比度:主要用于调节画面的明暗对比度。
> ● 高光:主要用于调节画面高光处的亮度。
> ● 阴影:主要用于调节画面暗处的亮度。
> ● 光感:主要用于调节画面光线亮度。
> ● 锐化:主要用于调节画面中物体边缘线的锐化程度,其参数最小值为0,不能为负。
> ● 颗粒:主要用于调节画面中的颗粒感,其参数最小值为0。
> ● 褪色:主要用于调节画面色彩,其参数最小值为0,参数值越大,画面中的色彩越淡。
> ● 暗角:主要用于调节画面四个角的羽化效果,突出画面中心,正数用于调黑色暗角效果,负数用于调白色暗角效果。
>
> 更多调色方法,可以购买与本书同一系列的《调色师手册:视频和电影调色从入门到精通(剪映版)》一书进行学习,里面讲述了80多个调色案例,还提供了100多个与案例同步的素材给大家练手,相信学习后可以提升大家的调色能力。

2. 用剪映手机版制作

剪映手机版的操作方法如下。

步骤 01 ❶在剪映手机版的视频轨道中添加视频素材;❷点击"滤镜"按钮,如图1-57所示。

步骤 02 在"滤镜"选项卡的"复古胶片"选项区中,❶选择KU4滤镜;❷拖曳滑块至70,如图1-58所示。

步骤 03 ❶切换至"调节"选项卡;❷设置"亮度"参数为13、"对比度"参数为10、"饱和度"参数为5、"锐化"参数为13、"阴影"参数为–10、"色温"参数为–7、"色调"参数为6,如图1-59所示(图1-59中仅对"色调"参数设置界面进行展示,读者可自行设置其他参数)。

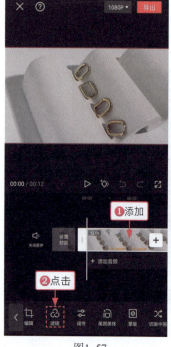

图1-57

图1-58

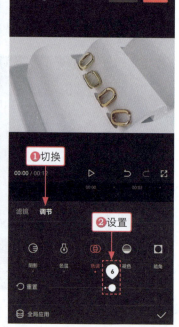

图1-59

课后实训：导出高品质广告视频

效果展示 在剪映中，用户可以在导出视频时设置分辨率和帧率等参数，来获得更加清晰的广告视频。这里，我们继续以 1.3.2 小节中的《甄选珠宝》广告为例，介绍导出高品质广告视频的操作。《甄选珠宝》广告导出效果如图 1-60 和图 1-61 所示。

图1-60

图1-61

本案例制作步骤如下。

单击界面右上角的"导出"按钮，如图 1-62 所示。

弹出"导出"对话框，❶设置作品名称和导出位置；❷设置"分辨率"为 4K、"码率"为推荐、"编码"为 H.264、"格式"为 mp4、"帧率"为 30fps；❸单击"导出"按钮，如图 1-63 所示，稍等片刻，即可导出视频。

图1-62

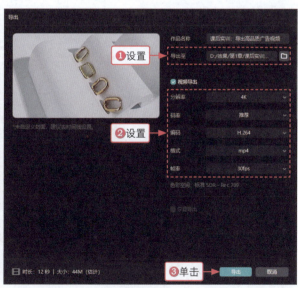

图1-63

第 2 章 文案：栏目广告文字动画

如今，在很多栏目中能看到广告植入，形式多种多样，有片头植入，也有片尾植入；有广告配音解说，也有主持人与嘉宾口播。那么，栏目中的广告文字要如何设置，才能最大程度地吸引观众的注意力呢？本章将向大家介绍影视栏目文字与广告文字动画的制作方法。

2.1 影视栏目文字

本节主要介绍影视栏目中广告文字的制作方法,包括添加解说字幕、制作广告字幕左滑效果、匹配广告文案等。

2.1.1 添加解说字幕:《达尔电脑》

效果展示 如今的综艺栏目经常会植入广告,并请配音师进行广告解说,为了让观众对广告有更直观、更深刻的印象,制作者可以在视频中为广告添加解说字幕。《达尔电脑》广告效果如图2-1和图2-2所示。

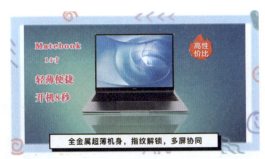
图2-1

图2-2

1. 用剪映电脑版制作

剪映电脑版的操作方法如下。

步骤 01 在剪映电脑版中,将视频素材添加到视频轨道中,在"文本"功能区的"文字模板"|"综艺感"选项卡中,单击目标文字模板中的"添加到轨道"按钮 ,如图2-3所示。

步骤 02 将文字模板添加到字幕轨道中,调整其时长至与视频时长一致,如图2-4所示。

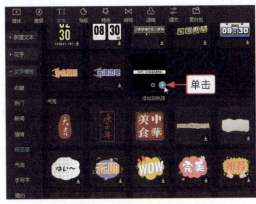
图2-3

图2-4

步骤 03　❶在"文本"操作区中将原来的内容删除,得到一个字幕条;❷在"播放器"面板中调整字幕条的位置,如图 2-5 所示。

步骤 04　在"文本"功能区的"智能字幕"选项卡中,单击"识别字幕"中的"开始识别"按钮,如图 2-6 所示。

图2-5

图2-6

步骤 05　稍等片刻,即可生成解说字幕,如图 2-7 所示。

步骤 06　将解说字幕合成两个文本,如图 2-8 所示。

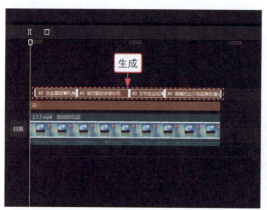

图2-7

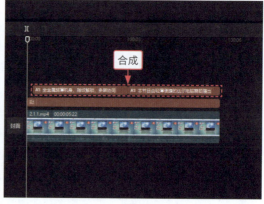

图2-8

　　在"文本"操作区中,将第 2 个文本中的内容剪切至第 1 个文本中,删除第 2 个文本并调整第 1 个文本的时长,即可整合字幕文本。

　　更多字幕制作方法,可以购买与本书同一系列的《字幕师手册:短视频与影视字幕特效制作从入门到精通(剪映版)》一书进行学习,里面讲述了 60 多个字幕案例,还提供了 110 多个与案例同步的素材给大家练手。

步骤 07　在"文本"操作区中,❶设置"颜色"为黑色;❷设置"字间距"参数为 2,调整文字之间的距离;❸在"播放器"面板中调整字幕的位置和大小,使其处于字幕条中,如图 2-9 所示。

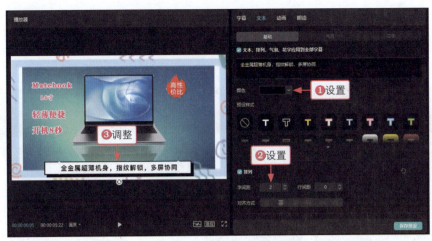

图2-9

2. 用剪映手机版制作

剪映手机版的操作方法如下。

步骤 01　在剪映手机版中，将视频素材添加到视频轨道中，点击"文字"|"文字模板"按钮，如图2-10所示。

步骤 02　❶在"文字模板"|"综艺感"选项卡中，选择有黑框白底字幕条的文字模板；❷将字幕条中的文字内容删除，得到一个空白的字幕条；❸向下调整字幕条的位置，如图2-11所示。

步骤 03　执行上述操作后，❶调整字幕条时长至与视频时长一致；❷点击"识别字幕"按钮，如图2-12所示。

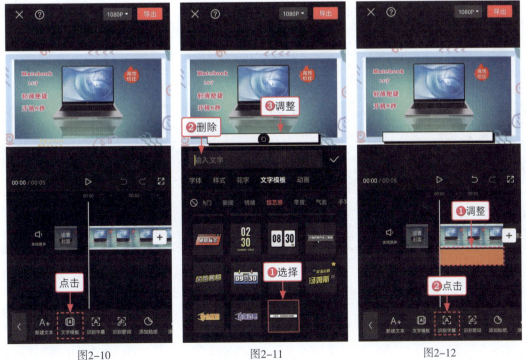

图2-10　　　　　　图2-11　　　　　　图2-12

步骤 04　在"识别字幕"面板中,点击"开始匹配"按钮,如图 2-13 所示。

步骤 05　执行上述操作后,即可生成字幕文本,如图 2-14 所示。

步骤 06　❶将解说字幕合成两个文本;❷调整字幕的位置和大小,如图 2-15 所示。

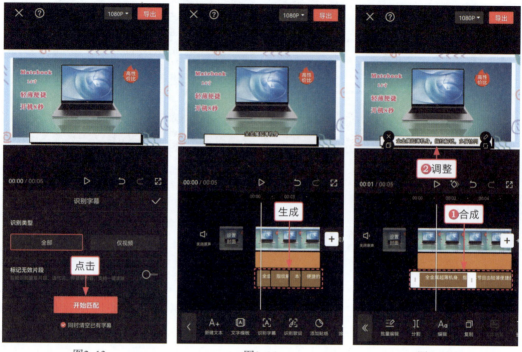

图 2-13　　　　　　　图 2-14　　　　　　　图 2-15

2.1.2　广告字幕左滑:《冠名与赞助》

效果展示　在影视栏目中,有独家赞助和独家冠名的广告商,也有联合赞助和联合冠名的广告商,当广告商较多时,可以使用在视频画面底部滑动显示的方式,增加广告商出镜的次数。《冠名与赞助》广告效果如图 2-16 和图 2-17 所示。

图 2-16

图 2-17

1. 用剪映电脑版制作

剪映电脑版的操作方法如下。

步骤 01　在剪映电脑版中，❶将视频素材添加到视频轨道中；❷将时间指示器拖曳至 00:00:00:20 的位置，如图 2-18 所示。

步骤 02　在"文本"功能区中，单击"默认文本"中的"添加到轨道"按钮➕，如图 2-19 所示。将文本添加到字幕轨道中，并调整其结束位置至与视频结束位置一致。

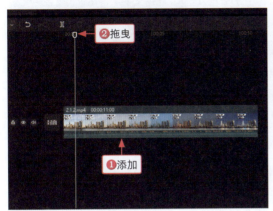
图2-18

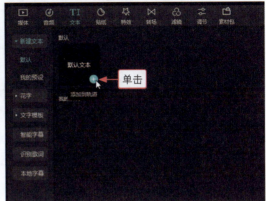
图2-19

步骤 03　在"文本"操作区中，❶输入广告内容；❷选择一个预设样式；❸在"播放器"面板中调整文本的大小和位置，使其位于画面底部，如图 2-20 所示。

图2-20

步骤 04　❶向右将文本移出画面；❷点亮"位置"关键帧◆，如图 2-21 所示，在字幕的开始位置添加第 1 个关键帧。

步骤 05　将时间指示器拖曳至结束位置后，❶向左将文本移出画面；❷"位置"关键帧会自动点亮，如图 2-22 所示，在字幕的结束位置添加第 2 个关键帧。执行操作后，即可完成对字幕从右向左滑动的效果的制作。

图2-21

图2-22

2. 用剪映手机版制作

剪映手机版的操作方法如下。

步骤 01　❶在剪映手机版的"素材库"界面中选择白场素材；❷点击"添加"按钮，如图2-23所示。

步骤 02　将白场素材添加到视频轨道中，❶调整白场素材时长为11s；❷点击"文字"|"新建文本"按钮，如图2-24所示。

步骤 03　❶输入广告内容；❷选择一个预设样式；❸调整文本的大小和位置，使字幕内容全部显示在画面中，如图2-25所示。返回，调整文本时长至与白场素材时长一致后，将制作的文字导出为文字视频备用。

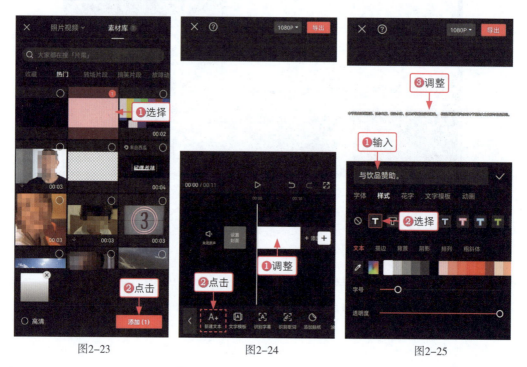

图2-23　　　　　图2-24　　　　　图2-25

步骤 04　新建一个草稿文件，❶将视频素材添加到视频轨道中；❷将时间轴拖曳至20f的位置；❸点击"画中画"按钮，如图2-26所示。

步骤 05　❶点击"新增画中画"按钮（图中无指示，读者可自行操作），将步骤 03 中制作的文字视频添加到画中画轨道中；❷点击"混合模式"按钮，如图 2-27 所示。

步骤 06　❶在"混合模式"面板中选择"变暗"选项；❷调整文字视频的大小和位置，使其位于画面底部，如图 2-28 所示。

图2-26

图2-27

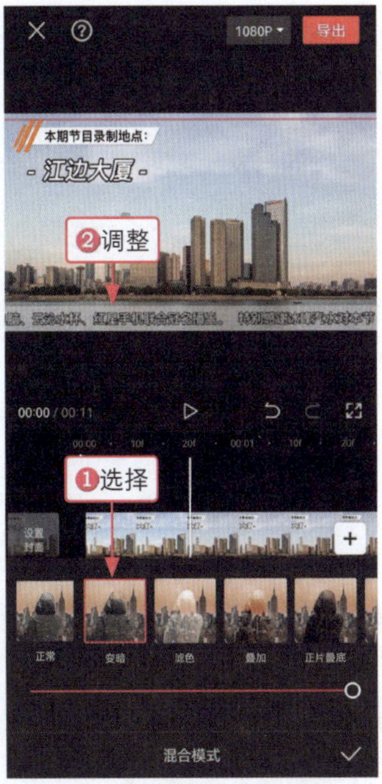

图2-28

步骤 07　❶将文字视频向右移出画面；❷点击 按钮，如图 2-29 所示，在文字视频的开始位置添加第 1 个关键帧。

步骤 08　❶拖曳时间轴至视频的结束位置；❷调整文字视频的结束位置至与视频的结束位置一致；❸向左将文字视频移出画面；❹此时会自动添加第 2 个关键帧，如图 2-30 所示，完成对字幕从右向左滑动的效果的制作。

图2-29

图2-30

2.1.3 匹配广告文案：《途城旅游网》

效果展示 很多广告中有旁白配音，根据配音内容，准备对应的广告文案，使用剪映的"文稿匹配"功能，即可自动匹配广告文案。《途城旅游网》广告效果如图2-31至图2-34所示。

图2-31

图2-32

图2-33

图2-34

目前的剪映中，只有剪映电脑版有"文稿匹配"功能，操作方法如下。

步骤 01 在剪映电脑版中，将视频素材添加到视频轨道中，如图2-35所示。

步骤 02 在"文本"功能区中，❶展开"智能字幕"选项卡；❷单击"文稿匹配"中的"开始匹配"按钮，如图2-36所示。

图2-35

图2-36

步骤 03 弹出"输入文稿"对话框，❶在其中输入广告文案；❷单击"开始匹配"按钮，如图2-37所示。

步骤 04 稍等片刻，即可生成匹配的字幕，如图2-38所示。在"文本"操作区中，可以检查每个文本中的字幕内容。

图2-37　　　　　　　　　　　　图2-38

步骤 05　在"文本"操作区中,选择一个预设样式,如图2-39所示。

步骤 06　在"播放器"面板中,调整文本的大小,如图2-40所示。执行操作后,即可完成文稿匹配。

图2-39　　　　　　　　　　　　图2-40

2.2 广告文字动画

在剪映的"动画"操作区中,内置多种入场动画、出场动画、循环动画效果,为文字添加动画效果,可以使文字更加生动有趣。本节将为大家介绍广告艺术文字和时间快速跳转等广告文字动画的制作方法。

2.2.1 广告艺术文字:《制冰模具》

效果展示　在剪映中,内置多款花字和预设样式,使用花字和预设样式制作广告文字,并为文字添加动画效果,可以呈现不同的广告艺术文字效果。《制冰模具》广告效果如图 2-41 至图 2-44 所示。

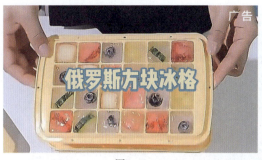

图2-41

图2-42

图2-43

图2-44

1. 用剪映电脑版制作

剪映电脑版的操作方法如下。

步骤 01 在剪映电脑版中，将视频素材添加到视频轨道中，在"文本"功能区的"花字"选项卡中，单击目标花字中的"添加到轨道"按钮 ⊕，如图 2-45 所示。

步骤 02 将花字添加到字幕轨道中后，在"文本"操作区中，❶输入文本内容；❷设置合适的字体，如图 2-46 所示。

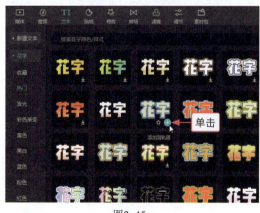

图2-45

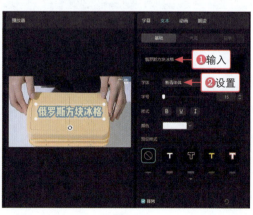

图2-46

步骤 03 复制制作的文本，粘贴在 00:00:03:15 的位置后，在"文本"操作区中，❶修改文本内容；❷设置"字间距"参数为 4、"行间距"参数为 10，如图 2-47 所示。

步骤 04 复制制作的第 2 个文本，粘贴在 00:00:08:00 的位置，并调整文本的结束位置至 00:00:17:00。完成操作后，在"文本"操作区中，❶修改文本内容；❷选择白字蓝底的预设样式；❸调整文本的位置和大小，如图 2-48 所示。

图2-47

图2-48

步骤 05 复制制作的第3个文本,粘贴在00:00:19:00的位置,并调整文本结束位置至与视频结束位置一致。完成操作后,在"文本"操作区中,❶修改文本内容;❷调整文本的位置和大小,使其位于杯口上方,如图2-49所示。

步骤 06 ❶选择第1行文字;❷选择粉边白字预设样式,如图2-50所示。

图2-49

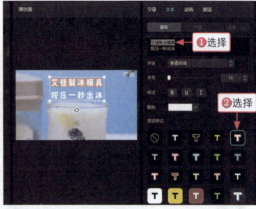
图2-50

步骤 07 ❶选择第2行文字;❷选择白边黑字预设样式,如图2-51所示。

步骤 08 在"贴纸"功能区中,❶搜索"制冰模具";❷找到合适的贴纸后单击其中的"添加到轨道"按钮 ,如图2-52所示。将贴纸添加到轨道中,并调整贴纸时长。

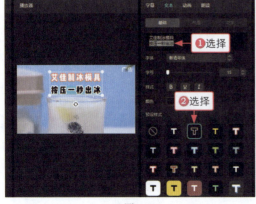
图2-51

图2-52

步骤 09　在"播放器"面板中调整贴纸的位置，使其位于文字下方，如图 2-53 所示。

步骤 10　选择步骤 05 中制作的最后一个文本，在"动画"操作区中，❶选择"向下滑动"入场动画；❷设置"动画时长"参数为 1.5s，如图 2-54 所示。

图2-53

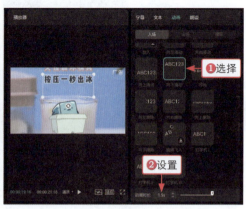
图2-54

步骤 11　❶拖曳时间指示器至视频开始位置；❷选择第 1 个文本，如图 2-55 所示。

步骤 12　在"动画"操作区中，❶选择"向下溶解"入场动画；❷设置"动画时长"参数为 1.0s，如图 2-56 所示。

图2-55

图2-56

2. 用剪映手机版制作

剪映手机版的操作方法如下。

步骤 01　在剪映手机版中，将视频素材添加到视频轨道中，新建一个文本，❶输入文本内容；❷选择合适的字体，如图 2-57 所示。

步骤 02　❶切换至"花字"选项卡；❷选择合适的花字，如图 2-58 所示。

步骤 03　在 3.5s 左右的位置，❶复制并粘贴已制作的文本；❷点击"编辑"按钮，如图 2-59 所示。

步骤 04　❶修改文本内容；❷在"样式"选项卡中设置"字间距"参数为 4、"行间距"参数为 10，如图 2-60 所示。

步骤 05　在 8s 的位置，复制并粘贴制作的第 2 个文本，❶调整文本的结束位置至 17s；❷点击"编辑"按钮，如图 2-61 所示。

步骤 06 ❶修改文本内容；❷在"样式"选项卡中选择白字蓝底的预设样式；❸调整文本的位置和大小，如图2-62所示。

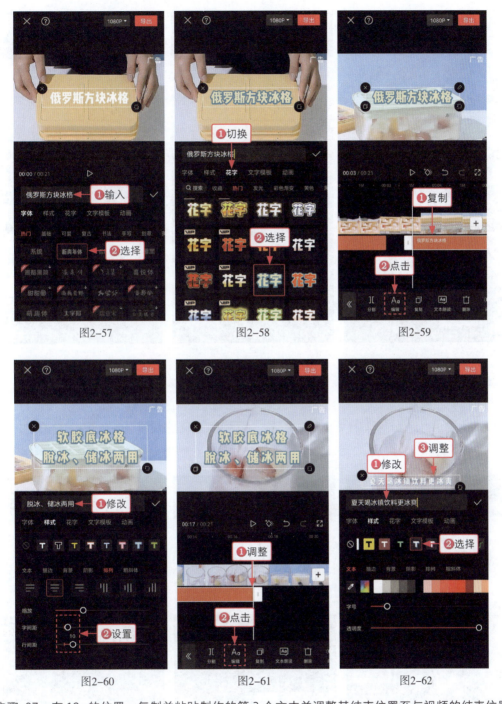

图2-57　　　　　　　图2-58　　　　　　　图2-59

图2-60　　　　　　　图2-61　　　　　　　图2-62

步骤 07 在19s的位置，复制并粘贴制作的第3个文本并调整其结束位置至与视频的结束位置一致后，点击"编辑"按钮，❶修改文本内容；❷调整文本的位置和大小，使其位于杯口上方；❸为第1行文字选择粉边白字预设样式；❹为第2行文字选择白边黑字预设样式，如图2-63所示。

步骤 08 在"动画"选项卡中，❶选择"向下滑动"入场动画；❷设置动画时长为1.5s，如图2-64所示。

步骤 09　点击 ✓ 按钮返回，❶拖曳时间轴至19s的位置；❷点击"添加贴纸"按钮，如图2-65所示。

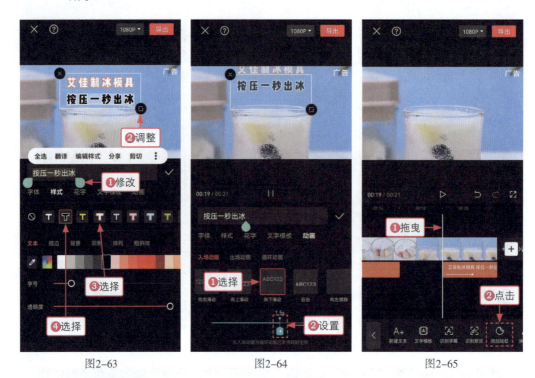

图2-63　　　　　　　　图2-64　　　　　　　　图2-65

步骤 10　在贴纸素材库中，❶搜索"制冰模具"；❷选择合适的贴纸，如图2-66所示。

步骤 11　点击 ✓ 按钮返回，调整贴纸时长至与最后一个文本时长一致，如图2-67所示。

步骤 12　拖曳时间轴至视频开始位置，选择第1个文本，点击"编辑"按钮，在"动画"选项卡中，❶选择"向下溶解"入场动画；❷设置动画时长为1.0s，如图2-68所示。

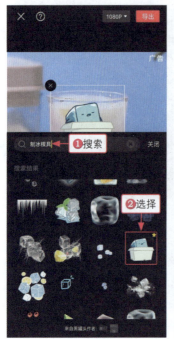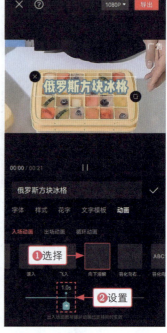

图2-66　　　　　　　　图2-67　　　　　　　　图2-68

2.2.2 时间快速跳转：《购物节倒计时》

效果展示 我们经常能在荧幕上看到时间快速跳转的画面，时间或往前飞速流逝，或往后快速倒退，有从年份和月份开始跳转的，也有从天数开始跳转的。在剪映中，使用"滚入"入场动画，便可以轻松制作出文字快速滚动跳转的效果。《购物节倒计时》广告效果如图2-69和图2-70所示。

图2-69

图2-70

1. 用剪映电脑版制作

剪映电脑版的操作方法如下。

步骤 01　在剪映电脑版中，将视频素材添加到视频轨道中，在1s的位置添加一个默认文本，调整文本的结束位置至与视频的结束位置一致，如图2-71所示。

步骤 02　在"文本"操作区中，❶输入文本内容"还剩　天"；❷设置合适的字体；❸选择一个预设样式；❹在"播放器"面板中调整文本的位置和大小，如图2-72所示。

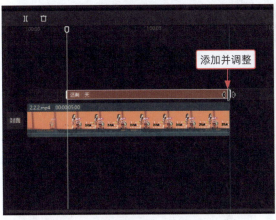
图2-71

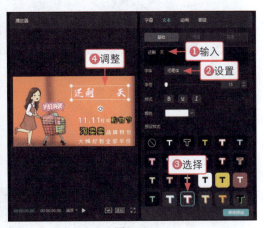
图2-72

步骤 03　设置"字间距"参数为1，如图2-73所示。

步骤 04　在"动画"操作区中，❶选择"放大"入场动画；❷设置"动画时长"参数为0.2s，如图2-74所示。

步骤 05　❶拖曳时间指示器至需要出现倒计时数字的位置；❷将制作的文本复制并粘贴在第2条字幕轨道中，调整文本时长至与视频时长一致，如图2-75所示。

步骤 06 在"文本"操作区中,❶修改文本内容为 9;❷单击"禁用"按钮,禁用预设样式,使文字呈纯白色;❸调整文本的位置和大小,使其位于"还剩 天"文本预留的空白位置中,如图 2-76 所示。

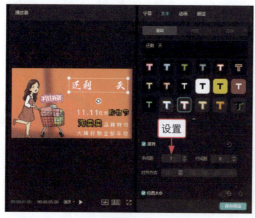

图2-73

图2-74

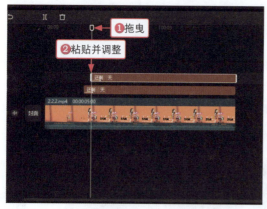

图2-75

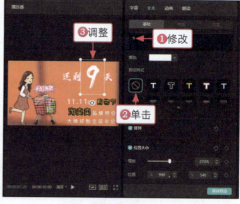

图2-76

步骤 07 ❶向后拖曳时间指示器 9 帧,至 00:00:01:15 的位置;❷单击"分割"按钮,如图 2-77 所示。

步骤 08 执行上述操作后,选择分割后的文本,在"文本"操作区中,修改文本内容为 8,如图 2-78 所示。

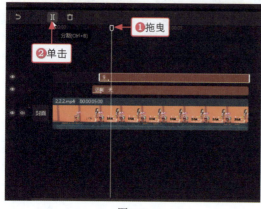

图2-77

图2-78

步骤 09　执行上述操作后，每隔 12 帧对文本进行一次分割，并依序修改文本内容，当文本内容为数字 3 时，停止分割文本，如图 2-79 所示。

步骤 10　选择内容为数字 9 的文本，在"动画"操作区中，❶选择"滚入"入场动画；❷设置"动画时长"参数为 0.3s，如图 2-80 所示，为文本添加滚动翻转的入场动画效果。

步骤 11　用与上述方法同样的方法，为其他数字文本添加"滚入"入场动画，并设置"动画时长"参数均为 0.4s，效果如图 2-81 所示。执行操作后，即可制作出时间快速跳转文字动画效果。

步骤 12　拖曳时间指示器至内容为数字 9 的文本的开始位置，在"音频"功能区的"音效素材"选项卡中，❶搜索音效"投影仪放映声音音效"；❷单击"投影仪放映声音音效"中的"添加到轨道"按钮，如图 2-82 所示。执行操作后，即可在音频轨道上添加一段音效。至此，完成对文字快速滚动跳转效果的制作。

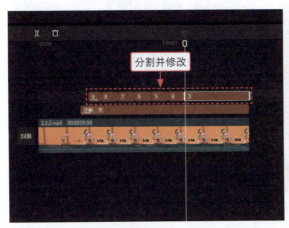

图2-79

图2-80

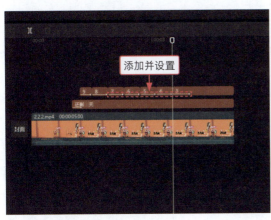

图2-81

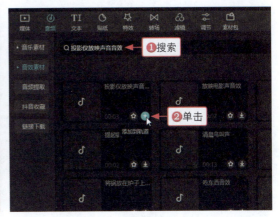

图2-82

2. 用剪映手机版制作

剪映手机版的操作方法如下。

步骤 01　在剪映手机版中添加视频素材，在 1s 的位置新建一个文本，❶输入文本内容"还剩　天"；❷选择一个合适的字体；❸调整文本的位置和大小，如图 2-83 所示。

步骤 02　在"样式"选项卡中，❶选择一个预设样式；❷设置"字间距"参数为1，如图2-84所示。

步骤 03　在"动画"选项卡中，❶选择"放大"入场动画；❷设置动画时长为0.2s，如图2-85所示。

图2-83

图2-84

图2-85

步骤 04　返回，调整文本的结束位置至与视频的结束位置一致后，❶拖曳时间轴至需要出现倒计时数字的位置；❷将制作的文本复制并粘贴在第2条字幕轨道中，调整文本时长至与视频时长一致；❸点击"编辑"按钮，如图2-86所示。

步骤 05　执行上述操作后，❶修改文本内容为9；❷点击"禁用"按钮，禁用预设样式；❸调整文本的位置和大小，使其位于"还剩　天"文本预留的空白位置中，如图2-87所示。

步骤 06　在"动画"选项卡中，❶选择"滚入"入场动画；❷设置动画时长为0.3s，如图2-88所示，为文本添加滚动翻转的入场动画效果。

步骤 07　❶返回，拖曳时间轴至动画结束的位置；❷点击"分割"按钮，如图2-89所示。

步骤 08　执行上述操作后，选择分割后的文本，❶修改文本内容为8；❷在"动画"选项卡中选择"滚入"入场动画；❸设置动画时长为0.4s，如图2-90所示。

步骤 09　执行上述操作后，点击✓按钮返回，继续在动画结束的位置分割文本、修改文本内容、添加"滚入"动画，如此重复同样的操作，直到文本内容为3时，停止分割文本，效果如图2-91所示，完成对时间快速跳转文字动画效果的制作。

步骤 10　❶拖曳时间轴至数字9的开始位置；❷返回一级工具栏，点击"音频"按钮，如图2-92所示。

• 第 2 章 • 文案：栏目广告文字动画

步骤 11　进入二级工具栏，点击"音效"按钮，如图 2-93 所示。

步骤 12　❶搜索音效"投影仪放映声音音效"；❷点击"投影仪放映声音音效"右侧的"使用"按钮，如图 2-94 所示。执行操作后，即可在音频轨道上添加一段音效。至此，完成对文字快速滚动跳转效果的制作。

图2-86

图2-87

图2-88

图2-89

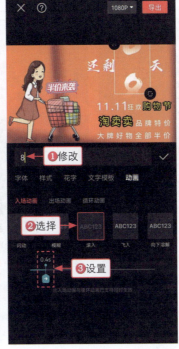
图2-90

图2-91

035

图2-92

图2-93

图2-94

课后实训：套用文字模板

效果展示 在剪映中，内置非常丰富的文字模板，套用这些文字模板，可以帮用户节省很多制作字幕的时间。《美菱瓷器》广告效果如图2-95和图2-96所示。

图2-95

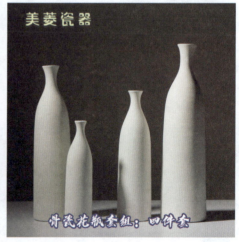
图2-96

本案例制作步骤如下。

❶将视频添加到视频轨道中；❷在"文本"功能区的"文字模板"｜"种草好物"选项卡中选择两个文字模板；❸将其依次添加到字幕轨道中，调整时长、修改内容，并根据需要分割文本，如图2-97所示。

在"文本"操作区中，❶修改字体；❷设置"字间距"参数为1；❸在"播放器"面板中调整文本大小和位置，如图2-98所示。

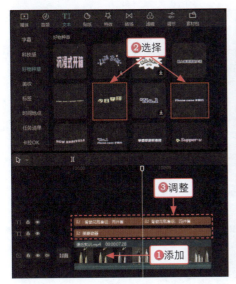

图2-97

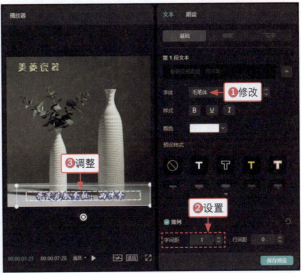

图2-98

第 3 章 合成：节目画中画广告特效

画中画是影视节目、广告视频中常用的一种后期包装技法，能够给观众展示一屏多画的视觉效果。现在，很多大型真人秀节目中，多机位拍摄场景增多，分屏剪辑的运用越来越广泛，画中画样式也越来越多样，想要在影视节目中"见缝插针"地植入广告，画中画合成技巧、画中画分屏技巧是大家必学的。

3.1 常用的画中画效果

常用的画中画效果有画面层层叠加的效果，也有双屏、三屏、四屏甚至多屏汇集和多屏拼接的效果，特别是双屏效果，在摄制空间比较单一的棚内综艺中经常可以看到。本节主要为大家介绍画中画广告展示、画中画缩小汇集、画中画滑屏拼接等效果在剪映中的制作方法。

3.1.1 画中画广告展示：《希尔抱枕》

效果展示 准备一个广告边框视频和一个广告内容视频，本例以抱枕为广告主体，因此准备的是一个含有抱枕广告标语的广告边框视频和一个抱枕视频。在剪映中，使用"混合模式"和"蒙版"功能，可以对两个视频进行合成处理。《希尔抱枕》广告效果如图3-1和图3-2所示。

图3-1

图3-2

广告边框视频中的广告字幕和字幕条，可以参考本书第2章2.1.1节中的制作方法进行制作；字幕条可以在"贴纸"功能区中通过搜索"字幕条"获取。

1. 用剪映电脑版制作

剪映电脑版的操作方法如下。

步骤 01　在剪映电脑版中，❶将抱枕视频添加到视频轨道中；❷将广告边框视频添加到画中画轨道中，如图 3-3 所示。

步骤 02　选择广告边框视频，在"画面"操作区中设置"混合模式"为"滤色"模式，如图 3-4 所示，去除边框中间的黑色，留出空白，显示底层的抱枕画面。两个视频融合后，边框四周会变得透明。

步骤 03　选择抱枕视频，在"蒙版"选项卡中，❶选择"矩形"蒙版；❷设置"圆角"参数为 36，使蒙版的四个直角与边框一样变成圆角；❸在"播放器"面板中调整蒙版的大小和位置，仅保留边框空白位置的画面，使边框四周变得明显，如图 3-5 所示。

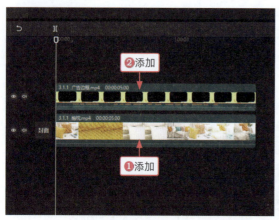

图3-3

图3-4

图3-5

步骤 04　执行上述操作后,在字幕轨道中添加一个默认文本,并调整文本时长至与视频时长一致,如图3-6所示。

步骤 05　在"文本"操作区中,❶输入广告主题内容;❷选择一个预设样式;❸调整文本的大小和位置,使文本位于字幕条的右上角,如图 3-7 所示。

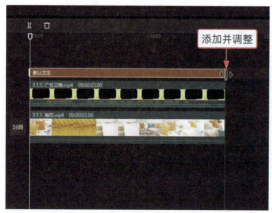

图3-6

图3-7

2. 用剪映手机版制作

剪映手机版的操作方法如下。

步骤 01　在剪映手机版中，❶将抱枕视频添加到视频轨道中；❷将广告边框视频添加到画中画轨道中（注意广告边框视频的画面大小需要铺满屏幕）；❸点击"混合模式"按钮，如图3-8所示。

步骤 02　在"混合模式"面板中，选择"滤色"选项，如图3-9所示，去除边框中的黑色。

步骤 03　❶选择抱枕视频；❷点击"蒙版"按钮，如图3-10所示。

图3-8　　　　　　　　图3-9　　　　　　　　图3-10

在剪映手机版中，点击"画中画"|"新增画中画"按钮，可以将素材添加到画中画轨道中，但使用这一方法添加的素材画面偏小，需要用户手动调整画面。除此之外，在视频轨道上添加两个或两个以上的素材后，选择需要切换至画中画轨道的素材，在工具栏中找到并点击"切画中画"按钮，即可将素材从视频轨道切换至画中画轨道，并且画面正好铺满屏幕，除非需要放大或缩小画面，用户不用手动调整画面的大小。

步骤 04　❶选择"矩形"蒙版；❷调整蒙版的大小、位置和圆角形状，如图3-11所示。

步骤 05　执行上述操作后，返回，点击"文字"|"新建文本"按钮，如图3-12所示。

步骤 06　❶输入广告主题内容；❷选择一个预设样式；❸调整文本的大小和位置，使文本位于字幕条的右上角，如图3-13所示。执行操作后，返回，调整文本时长至与视频时长一致。

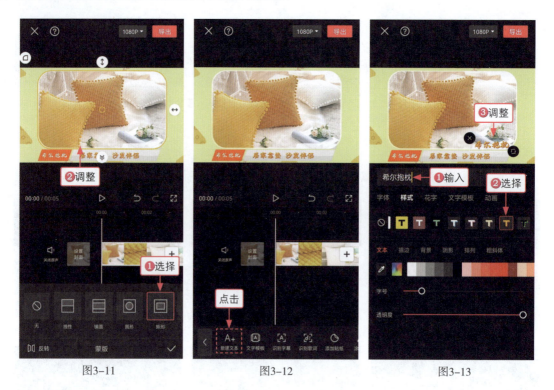

图3-11　　　　　　　图3-12　　　　　　　图3-13

3.1.2　画中画缩小汇集：《逍风汽车》

效果展示　画中画缩小汇集效果是指为视频添加"缩放"和"位置"关键帧，使多个视频画面同时缩小汇集展示在屏幕上。《逍风汽车》广告效果如图 3-14 和图 3-15 所示。

图3-14　　　　　　　　　　　　　图3-15

1. 用剪映电脑版制作

剪映电脑版的操作方法如下。

步骤 01　在剪映电脑版中，导入 5 个视频素材和一个绿幕广告视频，如图 3-16 所示。

步骤 02　将第 1 个视频素材添加到视频轨道上，在"画面"操作区的"基础"选项卡中，点亮"缩放"和"位置"右侧的关键帧◆，如图 3-17 所示。

步骤 03　拖曳时间指示器至 00:00:03:00 的位置后，在"播放器"面板中拖曳画面四周的控制柄，❶调整画面的大小和位置；❷"缩放"和"位置"右侧的关键帧会自动点亮，表示已在当前位置自动添加了对应的关键帧，效果如图 3-18 所示。

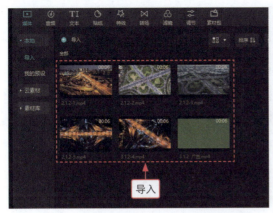

图3-16

图3-17

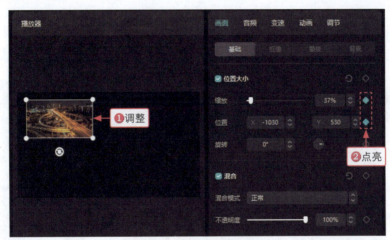

图3-18

步骤 04　用与上述方法同样的方法，❶将另外4个视频素材依次添加到画中画轨道中，并在视频开始位置和00:00:03:00位置添加对应的关键帧；❷在"播放器"面板中调整画面的大小和位置，效果分别如图3-19和图3-20所示。

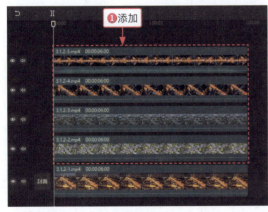

图3-19　　　　　　　　　　　　　图3-20

步骤 05　选择视频轨道中的视频素材，在"画面"操作区中，❶切换至"背景"选项卡；❷在"背景填充"列表框中选择"样式"选项，如图3-21所示。

步骤 06　在"样式"选项区中，选择一个背景样式，如图3-22所示。

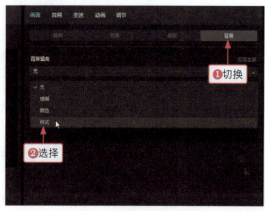
图3-21

图3-22

步骤 07　将绿幕广告视频添加到画中画轨道中,在"画面"操作区的"抠像"选项卡中,❶选中"色度抠图"复选框;❷使用取色器选取画面中的绿色;❸设置"强度"参数为5,如图3-23所示,抠除画面中的绿色,完成画面合成操作,广告会显示在画面左下角。

图3-23

2. 用剪映手机版制作

剪映手机版的操作方法如下。

步骤 01　在剪映手机版中,❶添加第1个视频素材;❷在视频开始位置点击◇按钮,如图3-24所示,添加一个关键帧。

步骤 02　❶拖曳时间轴至00:03的位置;❷调整画面的大小和位置;❸自动添加第2个关键帧,如图3-25所示。

步骤 03　用与上述方法同样的方法,❶将另外4个视频素材依次添加到画中画轨道中,并在视频开始的位置和00:03的位置添加对应的关键帧;❷调整画面大小和位置,效果如图3-26所示。

步骤 04　执行上述操作后,先点击"背景"按钮,再点击"画布样式"按钮(图中无指示,读者可自行操作),在"画布样式"面板中选择一个背景样式,如图3-27所示。

步骤 05　❶将绿幕广告视频添加到画中画轨道中;❷点击"色度抠图"按钮,如图3-28所示。

步骤 06 进入"色度抠图"面板，❶使用取色器对画面中的绿色进行取色；❷设置"强度"参数为 5，如图 3-29 所示，抠除画面中的绿色，完成画面合成操作，广告会显示在画面左下角。

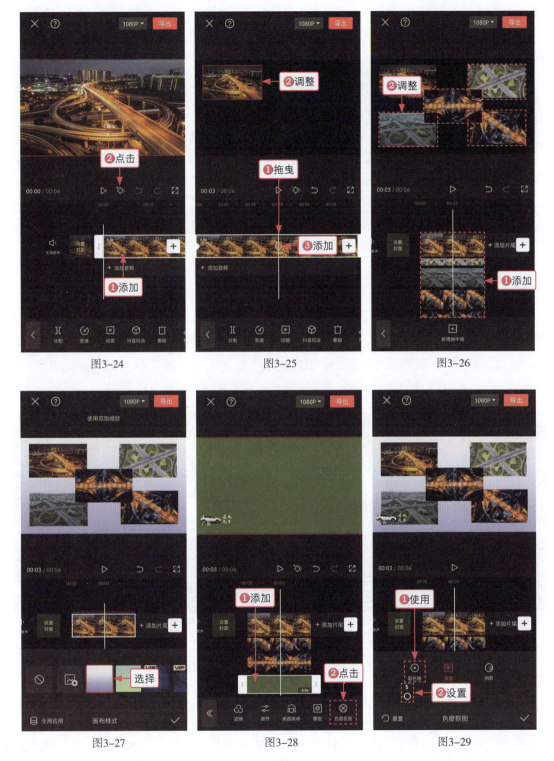

图3-24　图3-25　图3-26
图3-27　图3-28　图3-29

在本书第 1 章 1.2.3 节中，详细介绍了"色度抠图"功能的使用方法，如果大家忘记了如何操作，可以前往翻看操作过程。

3.1.3 画中画滑屏拼接：《腾达电动车》

效果展示 画中画滑屏拼接效果是将多个画面以画面滑屏的方式串联，逐个展示视频内容的效果，不仅综艺节目中常见这个效果，Vlog 和短视频中也常见。《腾达电动车》广告效果如图 3-30 和图 3-31 所示。

图3-30

图3-31

1. 用剪映电脑版制作

剪映电脑版的操作方法如下。

步骤 01　在剪映电脑版中，导入 3 个视频素材，如图 3-32 所示。

步骤 02　将第 1 个视频素材添加至视频轨道中，在"播放器"面板中，❶设置预览窗口的画布比例为 9∶16；❷适当调整视频的位置和大小，如图 3-33 所示。

图3-32

图3-33

步骤 03　用与上述方法同样的方法，依次将其他视频素材添加到画中画轨道中，并在预览窗口中调整视频的位置和大小，如图 3-34 所示。

步骤 04　选择视频轨道中的视频素材，❶切换至"画面"操作区的"背景"选项卡；❷设置背景填充颜色为白色，如图 3-35 所示。

步骤 05　将制作的合成视频导出备用。新建一个草稿文件，将合成视频和绿幕广告视频导入"媒体"功能区，如图 3-36 所示。

步骤 06　通过拖曳的方式，将合成视频添加到视频轨道上后，在"播放器"面板中，设置画布比例为 16∶9，如图 3-37 所示。

图3-34

图3-35

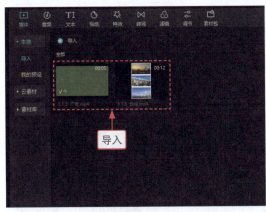

图3-36

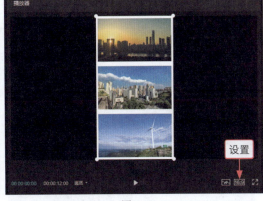

图3-37

步骤 07　拖曳视频画面四周的控制柄，调整视频画面大小，使其铺满预览窗口，如图3-38所示。

步骤 08　在"画面"操作区的"基础"选项卡中，点亮"位置"右侧的关键帧◆，如图3-39所示。

图3-38

图3-39

步骤 09　执行上述操作后，即可为视频添加一个关键帧。随后，将时间指示器拖曳至00:00:07:00的位置（图中无指示，读者可自行操作），将画面向上拖曳，显示最后一个画面，如图3-40所示，此时，"位置"右侧的关键帧会自动点亮。

步骤 10　在时间指示器的位置，将绿幕广告视频添加到画中画轨道中，如图3-41所示。

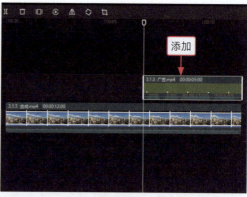

图3-40　　　　　　　　　　　　　图3-41

步骤 11　在"画面"操作区的"抠像"选项卡中，❶选中"色度抠图"复选框；❷使用取色器吸取画面中的绿色；❸设置"强度"参数为3，如图3-42所示，抠除画面中的绿色，即可完成画面合成操作，广告会显示在画面左下角。

步骤 12　在"动画"操作区中，❶选择"向右滑动"入场动画；❷设置"动画时长"参数为1.0s，如图3-43所示，完成对画中画滑屏拼接效果的制作。

图3-42　　　　　　　　　　　　　图3-43

2. 用剪映手机版制作

剪映手机版的操作方法如下。

步骤 01　在剪映手机版中，❶添加第1个视频素材；❷点击"比例"按钮，如图3-44所示。

步骤 02　在比例工具栏中，选择9∶16选项，如图3-45所示。

步骤 03　❶选择视频素材；❷调整视频画面的位置和大小，如图3-46所示。

步骤 04　❶依次在画中画轨道中添加另外两个视频素材；❷调整视频画面的大小和位置，如图3-47所示。

步骤 05　点击"背景"按钮，进入背景工具栏后，点击"画布颜色"按钮，进入"画布颜色"面板，❶选择白色色块，设置画布背景为白色；❷点击"导出"按钮，如图3-48所示，将合成视频导出备用。

步骤 06　新建一个草稿文件，❶添加刚刚导出的合成视频；❷点击"比例"按钮，在比例工具栏中选择16∶9选项，如图3-49所示。执行上述操作后，即可将原始的竖屏尺寸改为横屏尺寸。

图3-44　　　　　　　　　　图3-45　　　　　　　　　　图3-46

图3-47　　　　　　　　　　图3-48　　　　　　　　　　图3-49

步骤 07　在视频开始位置，❶选择视频素材；❷调整视频画面的大小，显示第 1 个画面；❸点击 ◇ 按钮，如图 3-50 所示，添加一个关键帧。

步骤 08　❶拖曳时间轴至 7s 的位置；❷向上拖曳视频，显示最后一个画面；❸添加第 2 个关键帧，如图 3-51 所示。

步骤 09　在时间轴的位置，❶添加绿幕广告视频；❷调整视频画面，使之铺满屏幕；❸点击"色度抠图"按钮，如图 3-52 所示。

步骤 10　进入"色度抠图"面板，❶使用取色器对画面中的绿色进行取色；❷设置"强度"参数为3，如图3-53所示，抠除画面中的绿色，广告显示在左下角。

步骤 11　执行上述操作后，返回，❶选择绿幕广告视频；❷点击"动画"按钮，如图3-54所示。

步骤 12　进入动画工具栏，点击"入场动画"按钮，进入"入场动画"面板，❶选择"向右滑动"动画；❷设置动画时长为1.0s，如图3-55所示，为广告视频添加动画效果，完成对画中画滑屏拼接效果的制作。

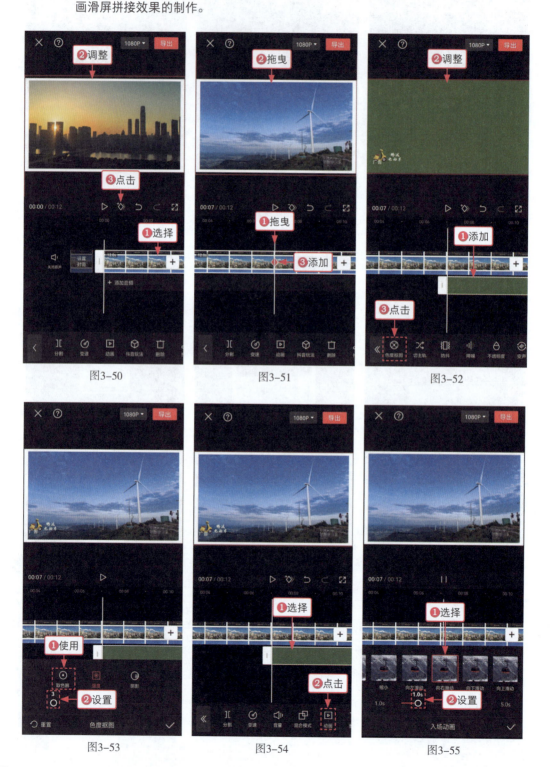

图3-50　　　　　　图3-51　　　　　　图3-52

图3-53　　　　　　图3-54　　　　　　图3-55

3.2 蒙版创意分屏效果

在剪映中，蒙版可以用来做画中画叠层效果，也可以用来做分屏效果，它的用法有很多，只要大家能够掌握蒙版的基本操作，懂得灵活运用，一定能制作出更多精彩视频效果。本节主要为大家介绍使用"蒙版"功能制作录制地点矩形分屏效果和线条分割画面效果的操作方法。

3.2.1 录制地点矩形分屏：《竹海山林》

效果展示 在一些综艺节目中，我们经常可以看到多屏展示节目录制地点的画面。在剪映中，准备两个与录制地点对应的视频和一个背景视频，使用"矩形"蒙版，即可制作录制地点分屏展示效果。《竹海山林》节目效果如图3-56和图3-57所示。

图3-56

图3-57

本例背景视频中包含了录制地点相关字幕，以便省去后期加字幕的操作，用户可以准备一个纯色的背景视频，制作好矩形分屏效果后，再在空白位置添加需要的主题文字或广告文案。

1. 用剪映电脑版制作

剪映电脑版的操作方法如下。

步骤 01 在剪映电脑版中，❶将背景视频添加到视频轨道中；❷将另外两个地点视频分别添加到两条画中画轨道中，如图3-58所示。

步骤 02 选择第2条画中画轨道中的视频，在"画面"操作区的"基础"选项卡中，❶设置"缩放"参数为47%；❷设置"位置"X参数为-980、Y参数为540，如图3-59所示。

步骤 03 选择第1条画中画轨道中的视频，在"画面"操作区的"基础"选项卡中，设置"位置"X参数为0、Y参数为-357，将视频画面向下移动，如图3-60所示。

步骤 04 在"蒙版"选项卡中，❶选择"矩形"蒙版；❷设置"位置"X参数为0、Y参数为-85；❸设置"大小"的"长"参数为1885、"宽"参数为520，隐藏多余的画面，如图3-61所示。

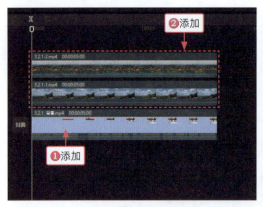

图3-58

图3-60

图3-61

步骤 05 选择第1条画中画轨道中的视频,在"动画"操作区的"入场"选项卡中,❶选择"向上滑动"动画;❷设置"动画时长"参数为1.0s,如图3-62所示。

步骤 06 选择第2条画中画轨道中的视频,在"动画"操作区的"入场"选项卡中,❶选择"向右滑动"动画;❷设置"动画时长"参数为1.0s,如图3-63所示。执行操作后,即可为两个视频添加动画效果,完成对录制地点矩形分屏展示效果的制作。

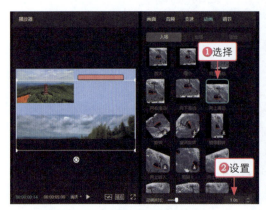

图3-62

图3-63

调整视频画面大小时,在"画面"操作区中修改参数更加精准、细致,本书案例中的参数并不是具有指导意义的值,用户可以根据自己的视频画面需求,先直接在"播放器"面板中通过拖曳控制柄的方式调整画面的组合方式和大小,再进行参数上的细微调整。

2. 用剪映手机版制作

剪映手机版的操作方法如下。

步骤 01　在剪映手机版中，❶将背景视频添加到视频轨道中；❷将另外两个地点视频分别添加到两条画中画轨道中；❸分别调整画中画素材的画面大小和位置，如图 3-64 所示。

步骤 02　❶选择第 1 条画中画轨道中的视频；❷点击"蒙版"按钮，如图 3-65 所示。

步骤 03　❶选择"矩形"蒙版；❷调整蒙版的大小和位置，如图 3-66 所示。执行操作后，即可完成对矩形蒙版分屏效果的制作。随后，用户可以参考剪映电脑版的操作方法，根据需要为画中画轨道中的两个素材添加动画效果。

图3-64

图3-65

图3-66

3.2.2　线条分割画面效果：《随心口香糖》

效果展示　线条分割画面效果是指从画面边缘延伸线条进入画面，以线条为中轴向两边分割第 1 层画面，显示下一层画面，以此类推，层层显示，在最后一层画面上添加广告植入的效果。《随心口香糖》广告效果如图 3-67 至图 3-70 所示。

图3-67

图3-68

图3-69

图3-70

1. 用剪映电脑版制作

剪映电脑版的操作方法如下。

步骤 01　在剪映电脑版中，❶将第1层画面视频添加到视频轨道中；❷在画中画轨道中添加白场素材，并调整其时长至与视频时长一致，如图3-71所示。

步骤 02　选择白场素材，❶在"蒙版"选项卡中选择"镜面"蒙版；❷在"播放器"面板中调整蒙版的角度和大小，如图3-72所示，使蒙版垂直位于画面中间，成一根白色线条状。

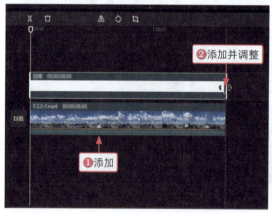
图3-71

图3-72

　　在剪映的"媒体"功能区中，展开"素材库"选项卡，即可看到内置的白场素材、黑场素材以及透明素材，这3个素材都是剪辑视频时经常用到的，用户要使用的时候，直接将其拖曳至轨道中即可。
　　另外，在剪映手机版的"剪辑"首页，点击"开始创作"按钮，进入"素材库"界面，也可以看到这3个素材，选择需要的素材，点击"添加"按钮，即可使用。

步骤 03　将时间指示器拖曳至1s处后，在"画面"操作区的"基础"选项卡中，点亮"位置"关键帧◆，如图3-73所示。

步骤 04　将时间指示器拖曳至视频开始位置后，将线条向上移出画面，如图3-74所示，"位置"关键帧会自动点亮，在开始位置添加一个关键帧，制作线条从上向下滑入的动画效果。制作完成后，将线条视频导出备用。

步骤 05　新建一个草稿文件，❶将第2层画面的视频素材添加到视频轨道中；❷将步骤04中制作的线条视频添加到画中画轨道中，如图3-75所示。

步骤 06　在线条视频上单击鼠标右键，弹出快捷菜单，选择"分离音频"选项，如图3-76所示。

图3-73

图3-74

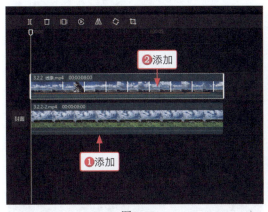

图3-75

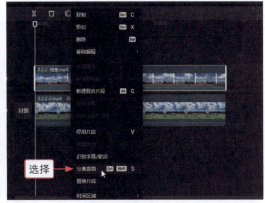

图3-76

步骤 07　执行上述操作后，❶视频中的音频被分离出来；❷调整线条视频的时长为3s，如图3-77所示。

步骤 08　在"蒙版"选项卡中，❶选择"线性"蒙版；❷逆时针调整蒙版的旋转角度，如图3-78所示，使第1层画面仅显示左边的一半。

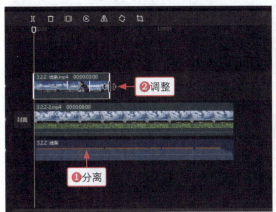

图3-77

图3-78

步骤 09　复制线条视频并粘贴在第2条画中画轨道中，在"蒙版"选项卡中，单击"反转"按钮，如图3-79所示，显示第1层画面右边的一半。

步骤 10　在"动画"操作区的"出场"选项卡中，❶选择"向右滑动"动画；❷设置"动画时长"参数为1.0s，如图3-80所示，使第1层画面右边的一半从中间向右滑动离开画面。

图3-79　　　　　　　　　　　　　图3-80

步骤 11　选择第 1 条画中画轨道中的线条视频，在"动画"操作区的"出场"选项卡中，❶选择"向左滑动"动画；❷设置"动画时长"参数为 1.0s，如图 3-81 所示，使第 1 层画面左边的一半从中间向左滑动离开画面，整体呈现从中间分割画面后画面向左右两边滑动离开的效果。

步骤 12　在第 1 条画中画轨道中线条视频的后面，添加广告字幕滚动视频，如图 3-82 所示。

步骤 13　在"抠像"选项卡中，❶选中"色度抠图"复选框；❷使用取色器吸取画面中的蓝色；❸设置"强度"参数为 15，如图 3-83 所示，抠取画面中的蓝色背景，在画面底部添加广告植入。

 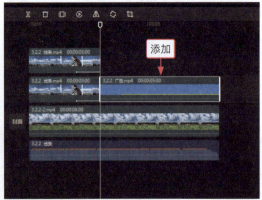

图3-81　　　　　　　　　　　　　图3-82

图3-83

2. 用剪映手机版制作

剪映手机版的操作方法如下。

步骤 01 在剪映手机版中，❶将第 1 层画面视频添加到视频轨道中；❷在画中画轨道中添加白场素材，调整其时长至与视频时长一致；❸点击"蒙版"按钮，如图 3-84 所示。

步骤 02 在"蒙版"面板中，❶选择"镜面"蒙版；❷调整蒙版的角度和大小，如图 3-85 所示，使蒙版垂直位于画面中间，成一根白色线条状。

步骤 03 ❶拖曳时间轴至 1s 处；❷点击  按钮，如图 3-86 所示，添加一个关键帧。

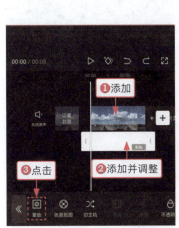

图3-84

图3-85

图3-86

步骤 04 ❶拖曳时间轴至视频开始位置；❷向上将白色线条移出画面；❸白场素材上会自动添加一个关键帧，如图 3-87 所示。制作线条从上向下滑入的动画效果后，将制作的线条视频导出备用。

步骤 05 新建一个草稿文件，❶将第 2 层画面的视频素材添加到视频轨道中；❷将步骤 04 中制作的线条视频添加到画中画轨道中；❸点击"音频分离"按钮，如图 3-88 所示，将视频中的背景音频分离出来。

步骤 06 ❶将线条视频的时长调整为 3s；❷点击"蒙版"按钮，如图 3-89 所示。

步骤 07 在"蒙版"面板中，❶选择"线性"蒙版；❷逆时针调整蒙版的旋转角度，如图 3-90 所示，使第 1 层画面仅显示左边的一半。

步骤 08 复制线条视频并粘贴在第 2 条画中画轨道中，在"蒙版"面板中，点击"反转"按钮，如图 3-91 所示，显示第 1 层画面右边的一半。

步骤 09 ❶选择第 1 条画中画轨道中的线条视频；❷点击"动画"|"出场动画"按钮，如图 3-92 所示。

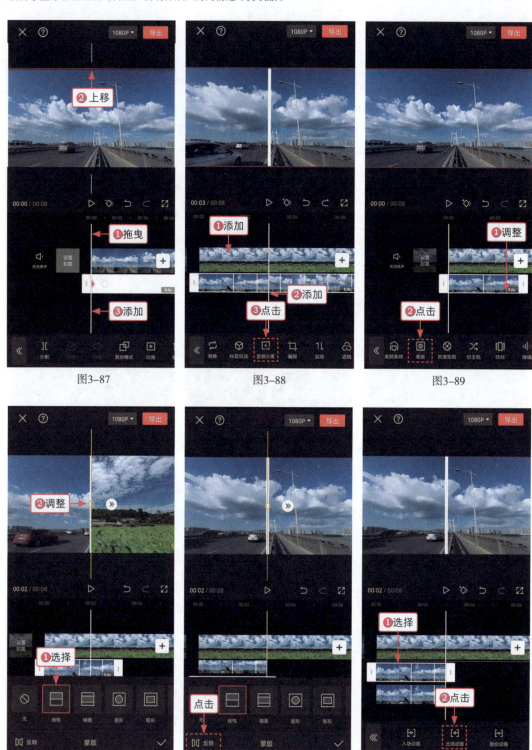

图3-87　　　　　　　图3-88　　　　　　　图3-89

图3-90　　　　　　　图3-91　　　　　　　图3-92

在剪映中，选择需要复制的素材，点击"复制"按钮后，复制的素材会自动粘贴在被复制素材的后面，若需要将所复制的素材用在其他位置，用户可以用拖曳的方式将素材拖曳至其他轨道中。

步骤 10　❶选择"向左滑动"动画；❷设置动画时长为1.0s，如图 3-93 所示，使第 1 层画面左边的一半从中间向左滑动离开画面。

步骤 11　选择第 2 条画中画轨道中的线条视频，点击"出场动画"按钮，在"出场动画"面板中，❶选择"向右滑动"动画；❷设置动画时长为 1.0s，如图 3-94 所示，使第 1 层画面右边的一半从中间向右滑动离开画面，整体呈现从中间分割画面后画面向左右两边滑动离开的效果。

步骤 12　在第 1 条画中画轨道中线条视频的后面，❶添加广告字幕滚动视频；❷调整画面大小，使其铺满屏幕；❸点击"色度抠图"按钮，如图 3-95 所示。

步骤 13　进入"色度抠图"面板，❶使用取色器对画面中的蓝色进行取色；❷设置"强度"参数为 15，如图 3-96 所示，将画面中的蓝色背景抠除，在画面底部添加广告植入，完成对线条分割画面效果的制作。

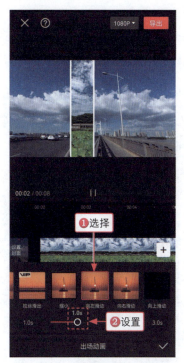

图3-93

图3-94

图3-95

图3-96

课后实训：用圆形蒙版制作画中画

效果展示 在剪映中，使用"圆形"蒙版，可以制作圆形的画中画效果，将两个画面同时展示，便于植入广告。《红星手机》广告效果如图3-97和图3-98所示。

图3-97

图3-98

本案例制作步骤如下。

准备两个视频素材，一个为人物奔跑的背景视频，并且在某一段画面中事先做好一个白色圆形，方便制作带白边的圆形画中画效果；另一个为人物拿手机寻找拍摄机位的视频，用来制作画中画广告植入。

在视频轨道中添加背景视频，在画中画轨道中添加人物摆放手机的视频，注意画中画视频要放在白色圆形出现的时间段内。在"蒙版"选项卡中，❶选择"圆形"蒙版；❷调整蒙版的大小和位置，使蒙版刚好圈住人物，并且比白色圆形稍微小一点，如图3-99所示。执行操作后，切换至"基础"选项卡，在"播放器"面板中调整画中素材的位置和大小，将其置于白色圆形内。

在"文本"功能区的"文字模板"选项卡中，❶选择一个气泡文字模板（可以在"气泡"组中选择）；❷将所选气泡文字模板添加到字幕轨道中并调整其时长，随后，在"文本"操作区中修改文本内容；❸在"播放器"面板中调整文本的大小和位置，将其置于圆形画中画的上方，如图3-100所示。

图3-99

图3-100

第 4 章 精选：栏目广告片头片尾

影视栏目、商业广告的片头大多用于表达主题内容，呈现艺术手法，吸引观众的注意力，使其对后面的情节感兴趣；片尾的出现，则意味着影视栏目、商业广告的结束。在电影/电视节目、新闻/综艺栏目、商业广告等各个视频作品中，经常会用到片头和片尾，本章主要介绍在剪映中制作影视栏目、商业广告片头片尾的方法。

4.1 影视栏目片头

本节主要向大家介绍影视片头和栏目片头的制作方法,包括上下屏开幕效果、片名缩小效果、节目箭头开场效果等。希望大家学会以后,可以以此为基础,延伸片头制作思路,制作更多精彩的影视栏目片头。

4.1.1 上下屏开幕效果:《云层之下》

效果展示 上下屏开幕效果是指画面在黑屏时,从中间往上下两端滑动,开幕后展示影片内容和影片片名的效果。《云层之下》影片效果如图4-1和图4-2所示。

图4-1

图4-2

1. 用剪映电脑版制作

剪映电脑版的操作方法如下。

步骤 01 在剪映电脑版中,导入视频素材,如图4-3所示。

步骤 02 在"特效"功能区的"基础"选项卡中,单击"开幕"特效中的"添加到轨道"按钮,如图4-4所示。

图4-3

图4-4

步骤 03　执行上述操作后，❶添加一个上下开幕特效；❷将时间指示器拖曳至 00:00:01:15 的位置（即开幕到一半的位置），如图 4-5 所示。

步骤 04　在"文本"功能区的"文字模板"|"简约"选项卡中，单击"春日浪漫"模板中的"添加到轨道"按钮 ，如图 4-6 所示。

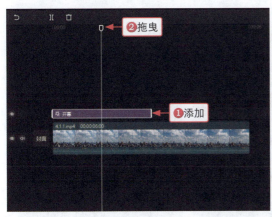
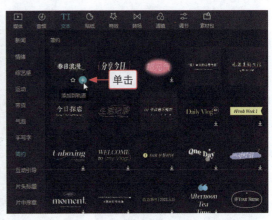

图4-5　　　　　　　　　　　　　　图4-6

步骤 05　执行上述操作后，即可添加文字模板并调整其时长，如图 4-7 所示。

步骤 06　在"文本"操作区中，修改文本内容，如图 4-8 所示。

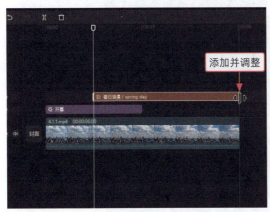

图4-7　　　　　　　　　　　　　　图4-8

2. 用剪映手机版制作

剪映手机版的操作方法如下。

步骤 01　在剪映手机版中，❶添加视频素材；❷点击"特效"|"画面特效"按钮，如图 4-9 所示。

步骤 02　在"基础"选项卡中，选择"开幕"特效，如图 4-10 所示。

步骤 03　点击 按钮，添加一个上下开幕特效后，❶将时间轴拖曳至开幕到一半的位置；❷点击"文字"|"文字模板"按钮，如图 4-11 所示。

步骤 04　在"文字模板"|"简约"选项卡中，❶选择"春日浪漫"模板；❷在文本框中修改文本内容，如图 4-12 所示。

步骤 05　❶点击 按钮，切换文本内容；❷修改英文文本，如图 4-13 所示。执行操作后，调整文本的结束位置至与视频的结束位置一致。

图4-9　　　　　　　图4-10　　　　　　　图4-11

图4-12　　　　　　　图4-13

4.1.2　片名缩小效果:《心动一夏》

效果展示　在剪映中制作片名缩小动画,主要使用"缩放Ⅱ"动画,让片名呈现先放大再缩小的效果。《心动一夏》片名效果如图4-14至图4-17所示。

图4-14

图4-15

图4-16

图4-17

1. 用剪映电脑版制作

剪映电脑版的操作方法如下。

步骤 01　在剪映电脑版中，❶添加一个视频至视频轨道中；❷拖曳时间指示器至00:00:01:15的位置，如图4-18所示。

步骤 02　在"文本"功能区中，❶展开"花字"选项卡；❷选择一个花字并单击其中的"添加到轨道"按钮 ，如图4-19所示。将花字文本添加到字幕轨道中，调整文本结束位置至与视频结束位置一致。

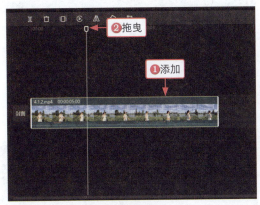
图4-18

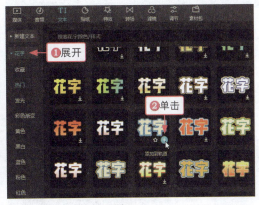
图4-19

步骤 03　在"文本"操作区的"基础"选项卡中，❶输入片名；❷设置一个合适的字体，如图4-20所示。

步骤 04　❶在"排列"选项区中设置"字间距"参数为5；❷在"播放器"面板中调整文本的位置和大小，如图4-21所示。

步骤 05　在"动画"操作区中，❶选择"缩小Ⅱ"入场动画；❷设置"动画时长"参数为2.0s，如图4-22所示。

步骤 06　拖曳时间指示器至动画结束位置，新建一个文本并调整文本结束位置至与第1个文本结束位置一致，在"文本"操作区中，❶输入英文名称；❷设置一个合适的字体；❸在"颜色"色板中选择一个色块（注意色块颜色要与第1个文本的描边颜色相近），如图4-23所示。

图4-20

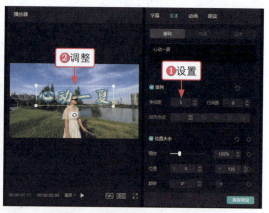

图4-21

图4-22

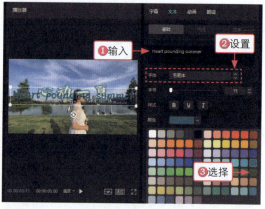

图4-23

步骤 07　❶调整英文名称文本的大小和位置；❷选中"描边"复选框；❸设置"颜色"为白色；❹设置"粗细"参数为30，调整白色边框的粗细程度，如图4-24所示。

步骤 08　在"动画"操作区中，❶选择"逐字显影"入场动画；❷设置"动画时长"参数为1.0s，如图4-25所示。

图4-24

图4-25

2. 用剪映手机版制作

剪映手机版的操作方法如下。

步骤 01 在剪映手机版中添加一个视频素材，拖曳时间轴至 1.5s 的位置，新建一个文本，在文字编辑界面，❶输入片名；❷选择一个合适的字体，如图 4-26 所示。

步骤 02 执行上述操作后，❶切换至"花字"选项卡；❷选择一个合适的花字，如图 4-27 所示。

步骤 03 ❶切换至"样式"选项卡；❷调整文本的大小和位置；❸在"排列"选项区中设置"字间距"参数为 5，如图 4-28 所示。

步骤 04 ❶切换至"动画"选项卡；❷选择"缩小Ⅱ"入场动画；❸拖曳滑块至 2.0s，如图 4-29 所示，制作文字先放大再缩小的效果。

步骤 05 执行上述操作后，点击 ✓ 按钮返回，即可添加文本，❶调整文本的结束位置至与视频的结束位置一致；❷拖曳时间轴至动画结束的位置；❸点击"新建文本"按钮，如图 4-30 所示。

图4-26

步骤 06 新建一个文本，在"花字"选项卡中选择禁用选项，禁用花字样式后，❶输入英文内容；❷在"字体"选项卡中选择一个合适的字体；❸调整文本的大小和位置，使其位于中文名称的下方，如图 4-31 所示。

步骤 07 在"样式"选项卡中，选择深青色色块（注意色块颜色要与第 1 个文本的描边颜色相近），如图 4-32 所示。

图4-27

图4-28

图4-29

图4-30

图4-31

图4-32

> **温馨提示** 因制作第1个文本时使用了花字样式，所以在制作后续文本时，会默认套用为上一个文本设置的样式，如果不需要套用，选择禁用选项，取消使用花字样式。

步骤08 在"描边"选项区中，❶选择白色色块；❷设置"粗细度"参数为30，如图4-33所示，调整白色边框的粗细程度。

步骤09 在"动画"选项卡中，❶选择"逐字显影"入场动画；❷拖曳滑块至1.0s，调整动画时长，如图4-34所示，完成调整后，返回，调整文本的结束位置至与视频的结束位置一致，至此，完成对文字缩小效果的制作。

图4-33

图4-34

4.1.3 娱乐新闻片头：《娱乐新头条》

效果展示 制作娱乐新闻片头效果，先准备一个娱乐新闻片头背景，再在新闻类文字模板中选择添加一个合适的文字模板即可。《娱乐新头条》片头效果如图 4-35 和图 4-36 所示。

图 4-35　　　　　　　　　　　　　　图 4-36

1. 用剪映电脑版制作

剪映电脑版的操作方法如下。

步骤 01　在剪映电脑版中，添加一个背景视频至视频轨道中，如图 4-37 所示。

步骤 02　在"文本"功能区的"文字模板"｜"新闻"选项卡中，找到合适的文字模板，单击其中的"添加到轨道"按钮，如图 4-38 所示。将文本添加到字幕轨道中，并调整文本时长至与视频时长一致。

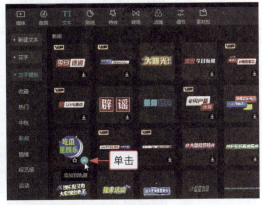

图 4-37　　　　　　　　　　　　　　图 4-38

步骤 03　❶在"文本"操作区中修改文本内容为节目名称；❷在"播放器"面板中调整文本的大小和位置，如图 4-39 所示。

步骤 04　在"音频"功能区的"音效素材"选项卡中，搜索关键字"啾"，找到需要的音效并单击其中的"添加到轨道"按钮，如图 4-40 所示，为节目名称添加出场音效。

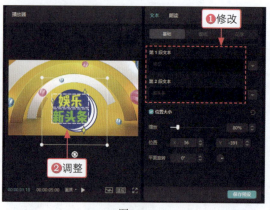
图4-39

图4-40

2. 用剪映手机版制作

剪映手机版的操作方法如下。

步骤 01　在剪映手机版中，添加一个背景视频，新建一个文本，在"文字模板"|"新闻"选项卡中，❶选择一个合适的文字模板；❷修改文本内容为节目名称；❸调整文本的大小和位置，如图4-41所示。执行操作后，返回，调整文本时长至与视频时长一致。

步骤 02　点击"音频"|"音效"按钮，❶在音效素材库中搜索关键字"啾"；❷点击目标音效右侧的"使用"按钮，如图4-42所示，为节目名称添加出场音效。

图4-41

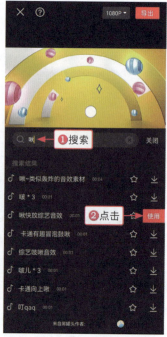
图4-42

4.1.4　节目箭头开场：《一城一味》

效果展示　节目箭头开场效果是指画面黑屏时，箭头从左向右移出画面，显示背景视频和节目片名的效果。《一城一味》节目箭头开场效果如图4-43至图4-46所示。

图4-43　　　　　　　　　　　　　　图4-44

图4-45　　　　　　　　　　　　　　图4-46

1. 用剪映电脑版制作

剪映电脑版的操作方法如下。

步骤 01　在剪映电脑版中,将背景视频和箭头视频分别添加到视频轨道和画中画轨道中,如图 4-47 所示。

步骤 02　选择箭头视频,在"画面"操作区中,设置"混合模式"为"正片叠底"模式,如图 4-48 所示,将视频中的白底去除。

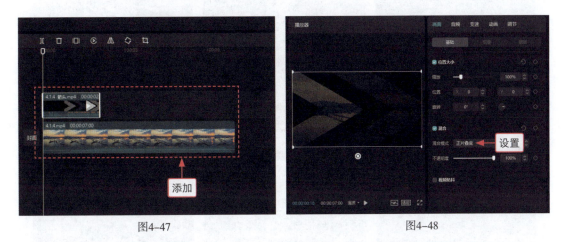

图4-47　　　　　　　　　　　　　　图4-48

步骤 03　拖曳时间指示器至 00:00:01:15 的位置后,在"文本"功能区的"文字模板"|"美食"选项卡中,单击目标文字模板中的"添加到轨道"按钮，如图 4-49 所示,将文本添加到字幕轨道中,并调整文本的结束位置至与视频的结束位置一致。

步骤 04　在"文本"操作区中,修改文本内容为节目名称,如图 4-50 所示。

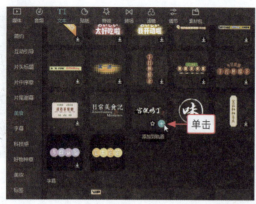

图 4-49　　　　　　　　　　　　　　图 4-50

2. 用剪映手机版制作

剪映手机版的操作方法如下。

步骤 01　在剪映手机版中,❶将背景视频和箭头视频分别添加到视频轨道和画中画轨道中;❷点击"混合模式"按钮,如图 4-51 所示。

步骤 02　在"混合模式"面板中,选择"正片叠底"选项,如图 4-52 所示,将视频中的白底去除。

步骤 03　拖曳时间轴至 1.5s 的位置,新建一个文本,在"文字模板"|"美食"选项卡中,❶选择一个文字模板;❷修改文本内容为节目名称,如图 4-53 所示。执行操作后,返回,调整文本的结束位置至与视频的结束位置一致。

图 4-51　　　　　　　　图 4-52　　　　　　　　图 4-53

> 1.5s 即 1 秒 15 帧,在剪映中,1 秒由 30 帧构成,放大时间线后标尺上会显示 15f,即表示 15 帧。

4.2 商业广告片头

广告片头的制作目的是吸引消费者的注意力,打响品牌和服务。本节主要为大家介绍商业广告片头的制作方法,包括烟火文字开场、烟雾消散片头、商品推荐片头等内容。

4.2.1 烟火文字开场:《东方食代》

效果展示 制作烟火文字开场效果,需要首先准备一个烟火粒子素材,然后添加品牌名称或者店铺名称,最后为名称添加一个"溶解"入场动画和一个印章。《东方食代》片头效果如图4-54和图4-55所示。

图4-54

图4-55

1. 用剪映电脑版制作

剪映电脑版的操作方法如下。

步骤 01 在剪映电脑版中,❶添加一个烟火粒子视频素材;❷拖曳时间指示器至 00:00:04:00 的位置,如图 4-56 所示。

步骤 02 在"文本"功能区的"花字"选项卡中,找到一个颜色与烟火粒子颜色相近的花字,单击其中的"添加到轨道"按钮,如图 4-57 所示,将文本添加到字幕轨道中。

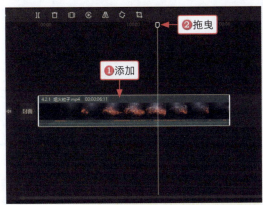

图4-56

图4-57

步骤 03　在"文本"操作区中，❶输入名称；❷设置一个合适的字体；❸调整文本的大小和位置，如图 4-58 所示。

步骤 04　在"动画"操作区中，❶选择"溶解"入场动画；❷设置"动画时长"参数为 1.0s，如图 4-59 所示。

步骤 05　拖曳时间指示器至 00:00:06:00 的位置后，在"文本"功能区的"文字模板"|"气泡"选项卡中，单击"中华美食"印章模板中的"添加到轨道"按钮，如图 4-60 所示，将印章文本添加到第 2 条字幕轨道中，调整印章文本的结束位置至与第 1 个文本的结束位置一致。

步骤 06　在"播放器"面板中，调整印章的大小和位置，如图 4-61 所示。

图4-58　　　　　　　　　　　图4-59

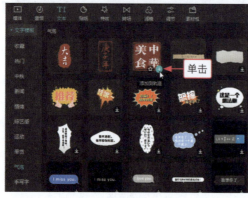 

图4-60　　　　　　　　　　　图4-61

2. 用剪映手机版制作

剪映手机版的操作方法如下。

步骤 01　在剪映手机版中，❶添加一个烟火粒子视频素材；❷拖曳时间轴至 00:04 的位置；❸点击"文字"|"新建文本"按钮，如图 4-62 所示。

步骤 02　❶输入名称；❷在"字体"选项卡中选择一个合适的字体；❸调整文本的大小和位置，如图 4-63 所示。

步骤 03　在"花字"选项卡中，选择一个颜色与烟火粒子颜色相近的花字，如图 4-64 所示。

步骤 04　在"动画"选项卡中，❶选择"溶解"入场动画；❷设置动画时长为 1.0s，如图 4-65 所示。

步骤 05　执行上述操作后，❶返回，拖曳时间轴至 00:06 的位置；❷点击"文字模板"按钮，如图 4-66 所示。

步骤 06　在"文字模板"｜"气泡"选项卡中，❶选择"中华美食"印章模板；❷调整印章的位置和大小，如图 4-67 所示。点击 ✓ 按钮，即可添加印章文本，调整印章文本的结束位置至与第 1 个文本的结束位置一致。

图4-62

图4-63

图4-64

图4-65

图4-66

图4-67

印章中的文字是可以修改的，用户可以根据需要自行修改。

4.2.2 烟雾消散片头：《密室大逃脱》

效果展示 烟雾消散片头效果是指在烟雾粒子消散的过程中逐渐显示文字，粒子消散后文字依然保留的效果。《密室大逃脱》片头效果如图4-68和图4-69所示。

图4-68

图4-69

1. 用剪映电脑版制作

剪映电脑版的操作方法如下。

步骤 01 在"文本"功能区的"花字"选项卡中，找到一个具有金属感的花字，单击其中的"添加到轨道"按钮 ➕，如图4-70所示。执行操作后，即可将文本添加到字幕轨道上，调整文本时长为5s。

步骤 02 在"文本"操作区中，❶输入字幕内容；❷设置一个合适的字体；❸在"播放器"面板中将文本调大一些，如图4-71所示。

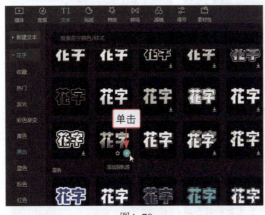
图4-70

图4-71

步骤 03 在"排列"选项区中，设置"字间距"参数为2，如图4-72所示。

步骤 04 在"动画"操作区中的"入场"选项卡中，❶选择"羽化向左擦开"动画；❷设置"动画时长"参数为3.0s，如图4-73所示。执行操作后，将制作的文字导出为文字视频备用。

图4-72

图4-73

步骤 05 清空轨道,将粒子视频、背景图片、背景音乐和步骤04中制作的文字视频导入"媒体"功能区,如图4-74所示。

步骤 06 将文字视频、粒子视频、背景音乐分别添加到视频轨道、画中画轨道、音频轨道中,注意,调整背景音乐的时长至与文字视频的时长一致,如图4-75所示。

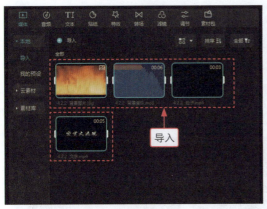

图4-74

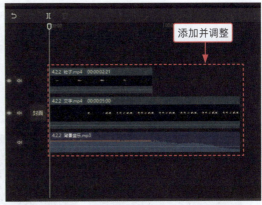

图4-75

步骤 07 选择粒子视频,在"画面"操作区的"基础"选项卡中,❶设置"混合模式"为"滤色"模式;❷在"播放器"面板中调整粒子素材的大小和位置,如图4-76所示。

步骤 08 将背景图片添加到第2条画中画轨道中,如图4-77所示。

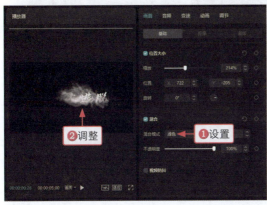

图4-76

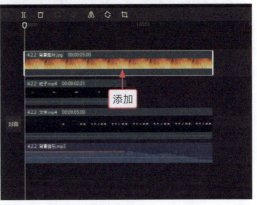

图4-77

步骤 09　在"画面"操作区的"基础"选项卡中,设置"混合模式"为"正片叠底"模式,使白色粒子和文字的颜色变成背景图片中的颜色,如图 4-78 所示。

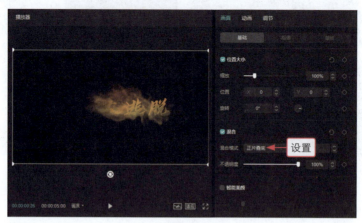

图4-78

2. 用剪映手机版制作

剪映手机版的操作方法如下。

步骤 01　在剪映手机版中,添加一个含有背景音乐的黑场素材,并新建一个文本,❶输入字幕内容;❷选择一个合适的字体;❸将文本调大一些,如图 4-79 所示。

步骤 02　在"花字"选项卡中,选择一个具有金属感的花字,如图 4-80 所示。

步骤 03　在"样式"|"排列"选项区中,设置"字间距"参数为2,如图 4-81 所示。

图4-79

图4-80

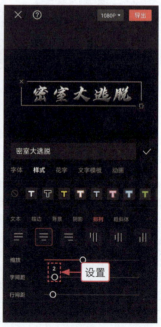
图4-81

步骤 04　在"动画"选项卡中,❶选择"羽化向左擦开"入场动画;❷设置动画时长为 3.0s,如图 4-82 所示。执行操作后,返回,调整文本时长为 5s,并将制作的文字导出为文字视频备用。

步骤 05 新建一个草稿文件，❶将文字视频添加到视频轨道中；❷将粒子视频添加到画中画轨道中；❸点击"混合模式"按钮，如图4-83所示。

步骤 06 ❶选择"滤色"选项；❷调整粒子素材的大小和位置，如图4-84所示。

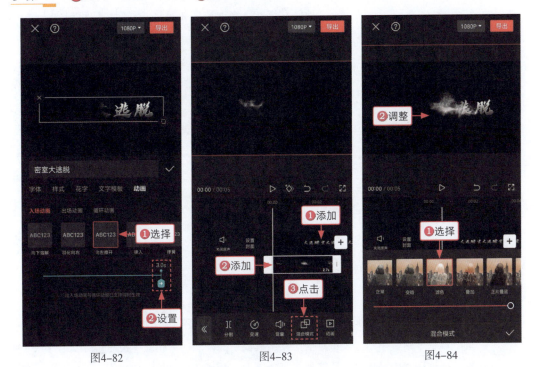

图4-82　　　　　　图4-83　　　　　　图4-84

步骤 07 ❶将背景图片添加到第2条画中画轨道中；❷点击"混合模式"按钮，如图4-85所示。

步骤 08 在"混合模式"面板中，选择"正片叠底"模式，如图4-86所示，使白色粒子和文字的颜色变成背景图片中的颜色，返回，调整图片时长至与文字视频时长一致。

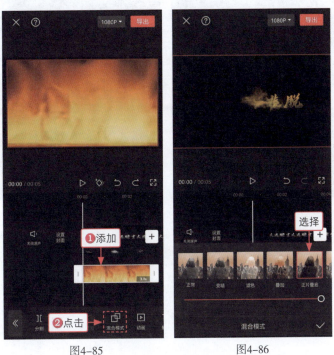

图4-85　　　　　　图4-86

4.2.3 商品推荐片头：《风格女装》

效果展示 在剪映中，准备一个纯色的背景视频、3张服装模特人像素材，先使用"智能抠像"功能抠取人像，再添加一个"跳动"特效、一个片头文字和3个对应服装风格的文案，即可制作一个有趣的商品推荐片头。《风格女装》片头效果如图4-87和图4-88所示。

图4-87

图4-88

1. 用剪映电脑版制作

剪映电脑版的操作方法如下。

步骤 01 在剪映电脑版中，添加一个纯色的背景视频，在"文本"功能区的"文字模板"|"好物种草"选项卡中，单击"今日穿搭"文字模板中的"添加到轨道"按钮，如图4-89所示。执行操作后，即可将文本添加到字幕轨道上，调整文本时长为2s。

步骤 02 ❶在"文本"操作区中，修改文本内容为"女 装 推 荐"（注意，在每两个字的中间添加一个空格）；❷在"播放器"面板中，将文本调大一些，如图4-90所示。

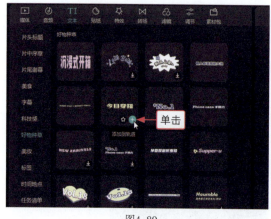
图4-89

图4-90

步骤 03 在00:00:02:00、00:00:02:15、00:00:03:00的位置分别添加一个人像素材，并调整各人像素材的结束位置至与背景视频的结束位置一致，如图4-91所示。

步骤 04 在"画面"操作区的"抠像"选项卡中，选中"智能抠像"复选框，如图4-92所示，分别将3个人像抠取出来。

步骤 05 在"播放器"面板中，分别调整3个人像的大小和位置，如图4-93所示。

步骤 06 在"动画"操作区的"入场"选项卡中，❶为第 1 个人像素材添加"向右甩入"动画；❷为第 2 个人像素材添加"向下甩入"动画；❸为第 3 个人像素材添加"向左下甩入"动画，如图 4-94 所示，"动画时长"参数均保持默认设置。

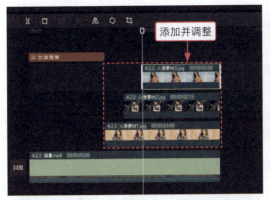

图 4-91　　　　　　　　　　　　　图 4-92

图 4-93

图 4-94

步骤 07 拖曳时间指示器至 00:00:04:00 的位置，在"特效"功能区的"动感"选项卡中，单击"抖动"特效中的"添加到轨道"按钮，如图 4-95 所示，在时间指示器的位置添加"抖动"特效，调整特效的结束位置至与视频的结束位置一致。

步骤 08 拖曳时间指示器至第 1 个人像素材的开始位置，在"音频"功能区的"音效素材"|"转场"选项卡中，单击"'呼'的转场音效"中的"添加到轨道"按钮，如图 4-96 所示。

图 4-95

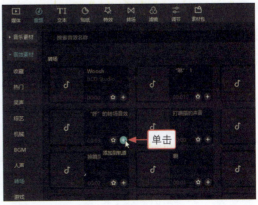
图 4-96

步骤 09　执行上述操作后，即可为第 1 个人像素材添加入场音效。添加入场音效后，❶调整入场音效的时长和位置；❷在第 1 个入场音效后复制并粘贴两个入场音效，为其他两个人像素材添加入场音效，如图 4-97 所示。

步骤 10　在"文本"功能区的"文字模板"|"好物种草"选项卡中，找到一个合适的文字模板，单击其中的"添加到轨道"按钮，如图 4-98 所示。

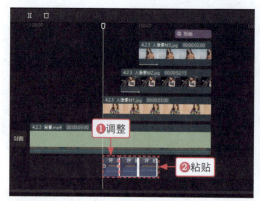
图4-97

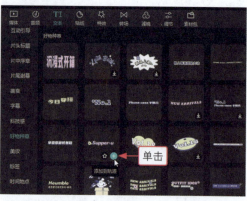
图4-98

步骤 11　在与 3 个人像素材对应的位置，添加 3 个文字模板，如图 4-99 所示，注意，调整文字模板时长至与对应的 3 个人像素材时长一致。

步骤 12　❶在"文本"操作区中修改文本内容；❷在"播放器"面板中调整文本的大小和位置，如图 4-100 所示。

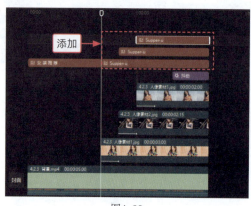
图4-99

图4-100

2. 用剪映手机版制作

剪映手机版的操作方法如下。

步骤 01　在剪映手机版中，❶添加一个纯色的背景视频；❷点击"文字"|"文字模板"按钮，如图 4-101 所示。

步骤 02　在"文字模板"|"好物种草"选项卡中，❶选择"今日穿搭"文字模板；❷修改文本内容为"女　装　推　荐"（注意，在每两个字的中间添加一个空格）；❸将文本调大一些，如图 4-102 所示。执行操作后，返回，调整文本时长为 2s。

步骤 03　❶拖曳时间轴至 2s 的位置；❷在画中画轨道中添加一个人像素材；❸点击"抠像"|"智

能抠像"按钮,抠取人像;❹调整人像的大小和位置,如图4-103所示。

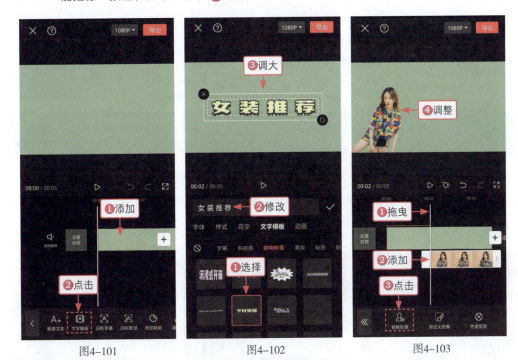

图4-101　　　　　　　图4-102　　　　　　　图4-103

步骤 04　返回上一级工具栏,点击"动画"按钮,如图4-104所示。

步骤 05　点击"入场动画"按钮,进入"入场动画"面板后,选择"向右甩入"动画,如图4-105所示。

步骤 06　用与上述方法同样的方法,拖曳时间轴至2.5s的位置,在第2条画中画轨道中添加第2个人像素材,抠取人像并调整大小和位置,为其添加"向下甩入"入场动画;执行操作后,拖曳时间轴至3s的位置,在第3条画中画轨道中添加第3个人像素材,抠取人像并调整大小和位置,为其添加"向左下甩入"入场动画,效果如图4-106所示。

图4-104　　　　　　　图4-105　　　　　　　图4-106

步骤 07 　拖曳时间轴至 4s 的位置，点击"特效"|"画面特效"按钮，在"动感"选项卡中，选择"抖动"特效，如图 4-107 所示。

步骤 08 　点击✓按钮添加特效后，点击"作用对象"按钮，如图 4-108 所示。

步骤 09 　在"作用对象"面板中，选择"全局"选项，如图 4-109 所示，将特效应用在所有素材对象上。

图4-107　　　　　　　　　图4-108　　　　　　　　　图4-109

　　在剪映手机版中，添加的特效默认的作用对象一般是主视频（特效缩略图上会显示一个"主"字，表示作用对象为主视频，即视频轨道中的素材对象），如果用户只想将特效用在画中画轨道中的素材上，可以在"作用对象"面板中，选择对应的"画中画"选项；如果想将特效用在所有素材上，则可以在"作用对象"面板中，选择"全局"选项。

步骤 10 　拖曳时间轴至第 1 个人像素材的开始位置，点击"音频"|"音效"按钮，在"转场"选项卡中，点击"'呼'的转场音效"右侧的"使用"按钮，如图 4-110 所示。

步骤 11 　执行上述操作后，❶在时间轴的位置添加音效；❷点击"音量"按钮，如图 4-111 所示。

步骤 12 　进入"音量"面板，拖曳滑块至最右端，调整音量为最大值，如图 4-112 所示。

步骤 13 　执行上述操作后，❶调整音效时长，为第 1 个人像素材添加入场音效；❷连续点击"复制"按钮两次，如图 4-113 所示，复制两个音效，为其他两个人像素材添加入场音效。

步骤 14 　拖曳时间轴至第 1 个素材的开始位置，新建文本，在"文字模板"|"好物种草"选项卡中，❶选择一个合适的文字模板；❷修改文本内容为第 1 款服装的风格文案；❸调整文本的位置和大小，使其位于第 1 个人像的上方，如图 4-114 所示。执行操作后，返回，调整文本时长至与第 1 个文本时长一致。

步骤 15　用与上述方法同样的方法，为第 2 个人像素材和第 3 个人像素材添加对应的服装风格文案，如图 4-115 所示。

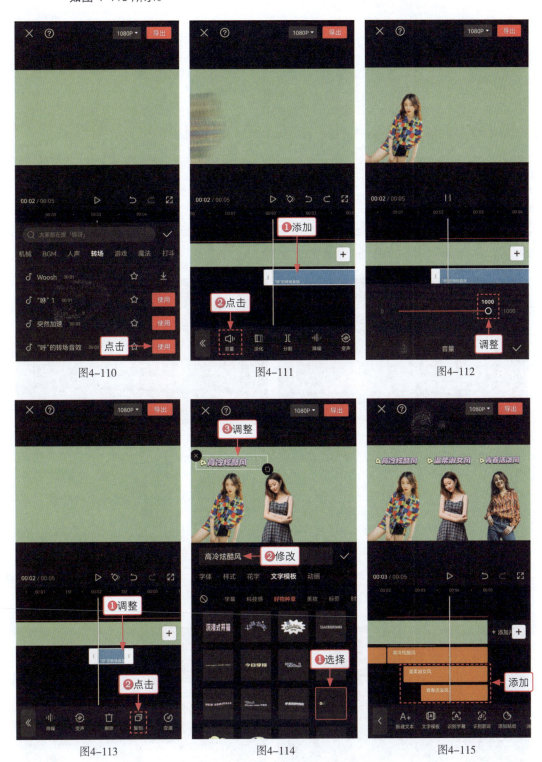

图4-110　　图4-111　　图4-112

图4-113　　图4-114　　图4-115

4.3 影视栏目片尾

现在，除了显示幕前幕后的工作人员外，很多影视栏目的片尾中还会显示广告方的产品名称或者公司名称，既打了广告，又表示了对广告方的感谢。本节将为大家介绍影视栏目片尾的制作方法。

4.3.1 线条边框滚动效果：《片尾1》

效果展示 线条边框滚动效果是指在节目结尾，画面缩小，位于屏幕中间，画面的外面有一个白色的线条边框，片尾字幕从下往上滚动的效果。《片尾1》效果如图4-116和图4-117所示。

图4-116　　　　　　　　　　　　　图4-117

1. 用剪映电脑版制作

剪映电脑版的操作方法如下。

步骤 01　在剪映电脑版中，添加一个视频到视频轨道中，在"画面"操作区的"基础"选项卡中，设置"缩放"参数为65%，如图4-118所示，缩小视频画面。

步骤 02　在"特效"功能区的"边框"选项卡中，单击"白色线框"特效中的"添加到轨道"按钮 ，如图4-119所示。

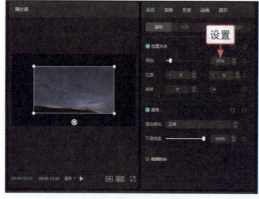 

图4-118　　　　　　　　　　　　　图4-119

步骤 03 执行上述操作后，即可在轨道中添加"白色线框"特效，调整特效的结束位置至 00:00:16:00，如图 4-120 所示，使特效时长长于视频时长。

步骤 04 在"贴纸"功能区的"线条风"选项卡中，找到一个行走的小猫贴纸，单击其中的"添加到轨道"按钮 ，如图 4-121 所示。添加贴纸后，调整其时长至与特效时长一致。

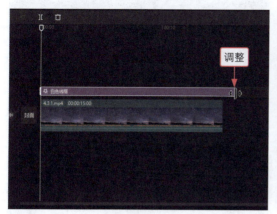

图4-120

图4-121

步骤 05 在"贴纸"功能区的"线条风"选项卡中，找到一个月亮贴纸，单击其中的"添加到轨道"按钮 ，如图 4-122 所示。添加贴纸后，调整其时长至特效时长一致。

步骤 06 在"播放器"面板中，调整两个贴纸的位置和大小，如图 4-123 所示。

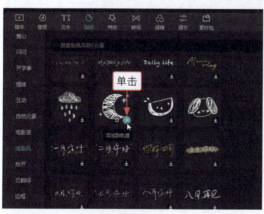

图4-122

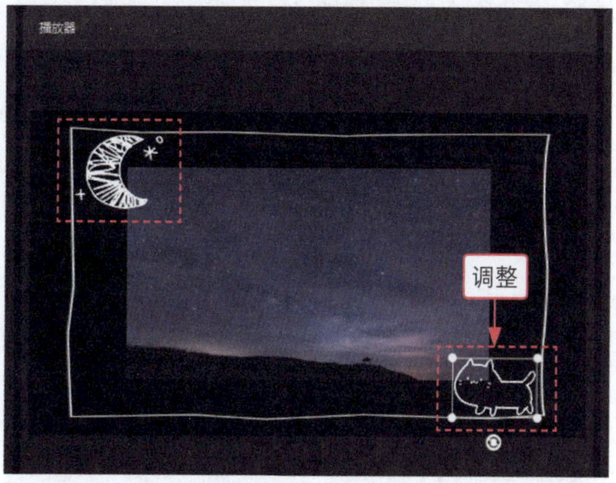

图4-123

步骤 07 在字幕轨道中添加一个默认文本，调整文本时长至与视频时长一致，在"文本"操作区中，❶输入片尾内容；❷设置"字间距"参数为 5、"行间距"参数为 18；❸设置"缩放"参数为 30%，如图 4-124 所示。

步骤 08 拖曳时间指示器至 00:00:00:15 的位置后，❶在"文本"操作区中点亮"位置"关键帧 ；❷在"播放器"面板中将文本垂直向下移出画面，如图 4-125 所示。

步骤 09 执行上述操作后，拖曳时间指示器至 00:00:14:00 的位置，❶在"播放器"面板中将文本垂直向上移出画面；❷自动点亮"位置"关键帧 ，如图 4-126 所示，制作字幕从下往上滚动的效果。

步骤 10 ❶拖曳时间指示器至 00:00:12:00 的位置；❷新建一个默认文本，并调整文本结束位置至 00:00:16:05，如图 4-127 所示，使文本结束位置在特效结束位置和贴纸结束位置之后。

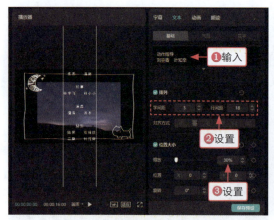

图4-124

图4-125

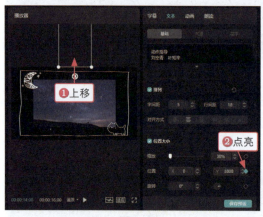

图4-126

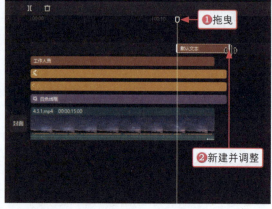

图4-127

步骤 11　在"文本"操作区中，❶输入特别鸣谢相关内容；❷设置"字间距"参数为3、"行间距"参数为18；❸设置"缩放"参数为33%，如图4-128所示。

步骤 12　执行上述操作后，拖曳时间指示器至00:00:12:00的位置，❶在"文本"操作区中点亮"位置"关键帧；❷在"播放器"面板中将第2个文本垂直向下移出画面，如图4-129所示。

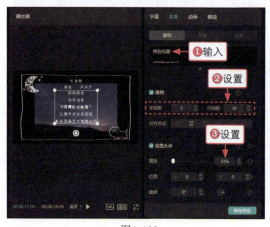

图4-128

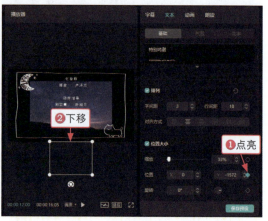

图4-129

步骤 13　拖曳时间指示器至 00:00:15:00 的位置，❶在"播放器"面板中将文本垂直向上移至画面中间；❷自动点亮"位置"关键帧◆，如图 4-130 所示。

步骤 14　在"动画"操作区的"出场"选项卡中，选择"渐隐"动画，如图 4-131 所示，使文本向上滚动至画面中间后停住并渐渐淡出。

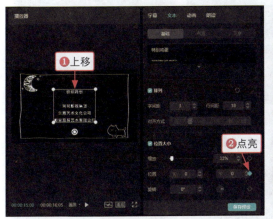
图4-130

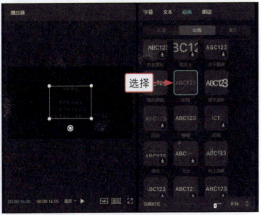
图4-131

步骤 15　选择视频素材，在"动画"操作区的"出场"选项卡中，选择"渐隐"动画，如图 4-132 所示，制作视频渐隐效果。

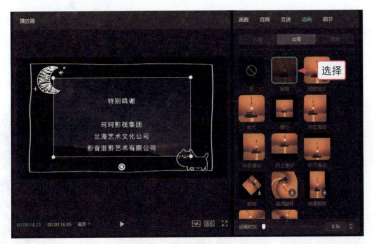
图4-132

2. 用剪映手机版制作

剪映手机版的操作方法如下。

步骤 01　在剪映手机版中，❶添加一个黑场素材并设置时长为 15s；❷设置画布比例为 9∶16，如图 4-133 所示。

步骤 02　新建一个文本，❶输入片尾字幕内容；❷设置"字间距"参数为 5、"行间距"参数为 18；❸调整文本的大小和位置，使其全部显示在画面中，如图 4-134 所示。执行操作后，返回，调整文本时长至与黑场素材时长一致，调整后导出为字幕视频备用。

步骤 03　新建一个草稿文件，❶添加背景视频；❷将画面缩小，如图 4-135 所示。

图4-133

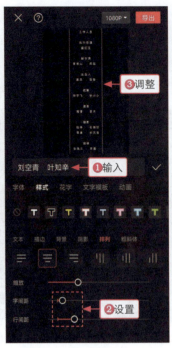
图4-134

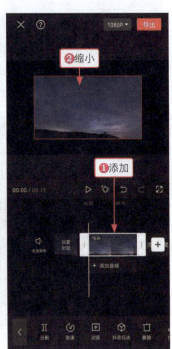
图4-135

步骤 04　点击"特效"|"画面特效"按钮,在"边框"选项卡中,选择"白色线框"特效,如图 4-136 所示。

步骤 05　点击 按钮添加特效后,❶在视频后面添加一个时长为 1s 的黑场素材;❷调整特效的结束位置至与黑场素材的结束位置一致;❸点击"作用对象"按钮,如图 4-137 所示。

步骤 06　在"作用对象"面板中,选择"全局"选项,如图 4-138 所示,使特效作用于全部素材。

图4-136

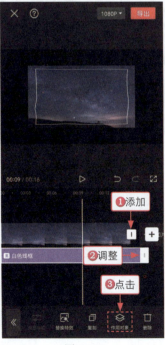
图4-137

图4-138

· 第 4 章 · 精选：栏目广告片头片尾

步骤 07　点击 ✓ 返回后，点击"贴纸" | "添加贴纸"按钮，❶在"线条风"选项卡中，选择一个行走的小猫贴纸和一个月亮贴纸；❷调整两个贴纸的位置和大小，如图 4-139 所示。执行操作后，调整两个贴纸的时长至与特效的时长一致。

步骤 08　在画中画轨道中，❶添加步骤 02 中制作的字幕视频；❷点击"混合模式"按钮，如图 4-140 所示。

步骤 09　在"混合模式"面板中，❶选择"滤色"选项；❷调整字幕视频的画面大小，如图 4-141 所示。

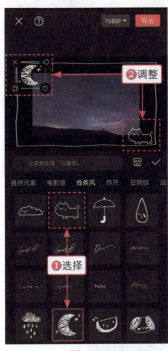  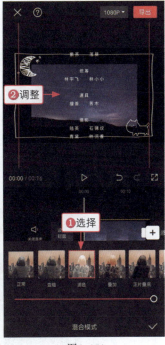

　　　　图4-139　　　　　　　　　　图4-140　　　　　　　　　　图4-141

步骤 10　❶拖曳时间轴至 15f 的位置；❷将字幕垂直向下移出画面；❸点击 ◇ 按钮，如图 4-142 所示，添加一个关键帧。

步骤 11　执行上述操作后，拖曳时间轴至 00:14 的位置；❶将字幕垂直向上移出画面；❷自动添加关键帧，如图 4-143 所示，制作字幕从下往上滚动的效果。

步骤 12　拖曳时间轴至 00:00:12:00 的位置后，新建一个文本，❶输入特别鸣谢相关内容；❷设置"缩放"参数为 2、"字间距"参数为 3、"行间距"参数为 18，将文字调小，如图 4-144 所示。执行操作后，返回，调整文本的结束位置，使之超过特效和贴纸的结束位置。

步骤 13　执行上述操作后，❶拖曳时间轴至 00:12 的位置；❷将文本垂直向下移出画面；❸点击 ◇ 按钮，如图 4-145 所示，添加一个关键帧。

步骤 14　❶拖曳时间轴至 00:15 的位置；❷将文本垂直向上移至画面中间；❸文本上自动添加一个关键帧；❹点击"动画"按钮，如图 4-146 所示。

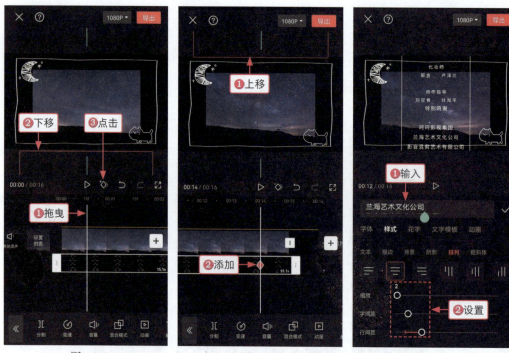

图4-142　　　　图4-143　　　　图4-144

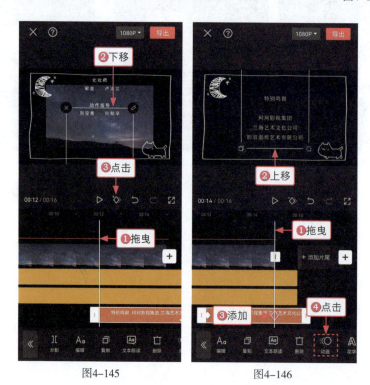

图4-145　　　　图4-146

步骤 15　在"动画"|"出场动画"选项卡中，选择"渐隐"动画，如图4-147所示，使文本向上滚动至画面中间后停住并渐渐淡出。

步骤 16　❶选择视频素材，点击"动画"|"出场动画"按钮（图中无指示，读者可自行操作）；❷在"出场动画"面板中选择"渐隐"动画，如图4-148所示，制作视频渐隐效果。

图4-147

图4-148

4.3.2 蒙版渐变滚动效果：《片尾 2》

效果展示 蒙版渐变滚动效果是指在片尾画面的右侧或左侧出现颜色渐变的羽化晕染画面，字幕在画面中从下向上滚动的效果。《片尾 2》效果如图 4-149 至图 4-152 所示。

图4-149

图4-150

图4-151

图4-152

1. 用剪映电脑版制作

剪映电脑版的操作方法如下。

步骤 01　在剪映电脑版中，添加一个视频到视频轨道中，拖曳时间指示器至1s的位置后，❶在"画面"操作区的"蒙版"选项卡中选择"线性"蒙版；❷在"播放器"面板中调整蒙版的角度、位置和羽化效果；❸点亮"位置"右侧的关键帧◆，如图4-153所示。

步骤 02　拖曳时间指示器至视频开始位置，在"播放器"面板中，调整蒙版至画面最右侧，如图4-154所示，此时，"位置"关键帧会自动点亮，制作画面蒙版渐变效果。

步骤 03　执行上述操作后，在"画面"操作区的"背景"选项卡中，设置一个背景颜色（尽量选择与视频背景或者人物服饰相近的颜色），如图4-155所示。执行操作后，即可将渐变的黑色改成与视频画面更加协调的颜色。

步骤 04　新建一个文本，调整文本时长至与视频时长一致，在"文本"操作区中，❶输入片尾字幕内容；❷设置"字间距"参数为5、"行间距"参数为18；❸设置"缩放"参数为30%，使字幕刚好位于渐变画面中，如图4-156所示。

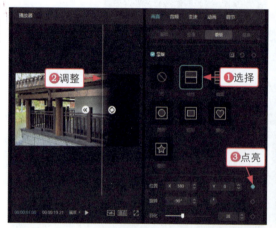

图4-153

图4-154

图4-155

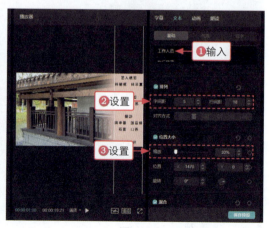

图4-156

步骤 05　拖曳时间指示器至00:00:01:00的位置后，❶在"文本"选项卡中点亮"位置"关键帧◆；❷在"播放器"面板中将文本垂直向下移出画面，如图4-157所示。

步骤 06　执行上述操作后，拖曳时间指示器至 00:00:17:00 的位置，❶在"播放器"面板中将文本垂直向上移出画面；❷自动点亮"位置"关键帧◆，如图 4-158 所示，制作字幕从下往上滚动的效果。

图4-157

图4-158

步骤 07　❶拖曳时间指示器至 00:00:13:00 的位置；❷在画中画轨道中添加一个广告商的图标图片，并调整图片结束位置至与视频结束位置一致，如图 4-159 所示。

步骤 08　❶在"画面"操作区的"基础"选项卡中，设置"缩放"参数为 45%；❷在"播放器"面板中将图片移至渐变画面的下方；❸点亮"位置"关键帧◆，如图 4-160 所示。

图4-159

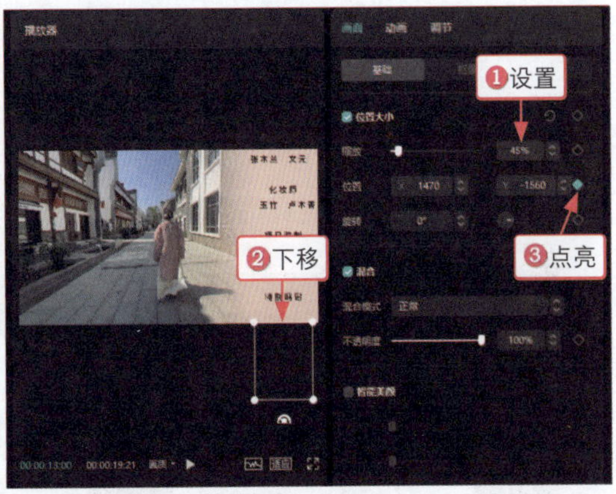

步骤 09　执行上述操作后，拖曳时间指示器至 00:00:19:00 的位置，❶在"播放器"面板中将图片垂直向上移出画面；❷自动点亮"位置"关键帧◆，如图 4-161 所示。

图4-160

图4-161

2. 用剪映手机版制作

剪映手机版的操作方法如下。

步骤 01　在剪映手机版中，❶添加一个白场素材并设置时长为20s；❷设置画布比例为9：16，如图4-162所示。

步骤 02　❶调整白场画面，使之铺满屏幕；❷新建一个文本，输入片尾字幕内容；❸在"样式"选项卡中选择黑色色块，设置文字颜色为黑色，如图4-163所示。

步骤 03　在"排列"选项区中，❶设置"字间距"参数为5、"行间距"参数为18；❷调整文本的大小和位置，使其全部显示在画面中，如图4-164所示。执行操作后，返回，调整文本的时长至与白场素材的时长一致，调整后导出为字幕视频备用。

步骤 04　新建一个草稿文件，❶添加背景视频；❷拖曳时间轴至1s处；❸添加一个关键帧；❹点击"蒙版"按钮，如图4-165所示。

步骤 05　在"蒙版"面板中，❶选择"线性"蒙版；❷调整蒙版的角度、位置和羽化效果，如图4-166所示。

步骤 06　❶拖曳时间轴至视频开始位置；❷调整蒙版位置至画面最右侧，如图4-167所示。

步骤 07　❶返回，拖曳时间轴至1s处；❷点击"背景"按钮，如图4-168所示。

步骤 08　在二级工具栏中，点击"画布颜色"按钮，如图4-169所示。

步骤 09　在"画布颜色"面板中，选择一个颜色色块，如图4-170所示，设置渐变颜色。

步骤 10　❶在画中画轨道中添加字幕视频；❷点击"混合模式"按钮，如图4-171所示。

图4-162

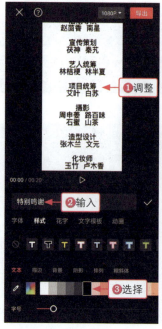

图4-163

图4-164

图4-165

图4-166　　　　　　　图4-167　　　　　　　图4-168

图4-169　　　　　　　图4-170　　　　　　　图4-171

步骤 11　在"混合模式"面板中，❶选择"正片叠底"模式；❷调整字幕大小，使其可以刚好放置在渐变画面中，如图 4-172 所示。执行操作后，返回，调整字幕的结束位置至与视频的结束位置一致。

步骤 12　❶拖曳时间轴至 1s 处；❷向下将字幕移出画面；❸添加关键帧，如图 4-173 所示。

步骤 13　❶拖曳时间轴至 17s 处；❷将字幕向上移出画面，如图 4-174 所示，制作字幕从下往上滚动的效果。

图4-172　　　　　　　　图4-173　　　　　　　　图4-174

步骤 14　❶拖曳时间轴至13s处；❷在画中画轨道中添加一个广告商的图标图片，并调整图片结束位置至与视频结束位一致，如图4-175所示。

步骤 15　❶调整图片大小后向下将图片移出画面；❷添加一个关键帧，如图4-176所示。

步骤 16　❶拖曳时间轴至19s处；❷向上将图片移出画面；❸自动添加一个关键帧，如图4-177所示，制作图片跟随字幕从下往上滚动的效果。

图4-175　　　　　　　　图4-176　　　　　　　　图4-177

课后实训：飞机拉泡泡开场效果

效果展示 飞机拉泡泡开场效果非常适用于旅游、游玩类真人秀节目，在剪映中，只需要用户先套用一个飞机拉泡泡素材，再添加一个动画片名，即可完成对这一效果的制作。《海岛旅行记》开场效果如图 4-178 和图 4-179 所示。

图4-178

图4-179

本案例制作步骤如下。

在剪映电脑版中，添加一个背景视频至视频轨道中，添加一个飞机拉泡泡视频至画中画轨道中，选择飞机拉泡泡视频，在"画面"操作区中，❶设置"混合模式"为"滤色"模式；❷设置"缩放"参数为 105%，将飞机拉泡泡画面适当放大，如图 4-180 所示。

拖曳时间指示器至 00:00:03:00 的位置（即泡泡即将散开消失的位置）后，添加一个默认文本并调整文本的结束位置至与视频的结束位置一致，在"文本"操作区中，❶输入节目名称；❷设置一个合适的字体；❸选择白边黑字预设样式；❹修改"颜色"为青蓝色；❺调整文本的大小和位置，如图 4-181 所示。随后，在"动画"操作区的"入场"选项卡中，选择"溶解"动画，设置"动画时长"参数为 1.0s，即可完成对飞机拉泡泡开场效果的制作。

图4-180

图4-181

第 5 章 预告：
精彩视频抢先观看

播放预告片，是一种有效的营销宣传手段，在电影、电视剧等影视作品还未正式播出时，将比较精彩、有噱头的视频片段剪辑在一起，制作一个预告宣传片，可以为作品吸引人气，让作品备受关注。本章主要介绍预告片的制作方法，包括影视预告与综艺预告。

5.1 影视预告

对观众来说,电影是先付费后观看的一种消费产品,观众需要提前对影片做消费预期判断,预期值较高时才会消费。电影预告片是影响观众消费预期值高低的决定因素之一,因此,预告片不仅仅是对电影中精彩片段的呈现,更是营销宣传中不可缺少的一部分。本节将为大家介绍两种常见的影视预告形式,大家可以在此基础上拓展剪辑思维,制作出完整度更高的预告片。

5.1.1 金属感电影预告:《卧虎危机》

效果展示 准备一个金属感片头素材和一个电影片段素材,先在剪映中使用"正片叠底"混合模式对金属感片头素材和电影片段素材进行合成,再添加电影名称和预告文案,制作金属感电影预告。《卧虎危机》预告视频效果如图5-1至图5-4所示。

图5-1

图5-2

图5-3

图5-4

1. 用剪映电脑版制作

剪映电脑版的操作方法如下。

步骤 01 在剪映电脑版中,❶将电影片段添加到视频轨道中;❷将金属感片头添加到画中画轨道中,如图5-5所示。

步骤 02　❶选择金属感片头，单击鼠标右键，弹出快捷菜单；❷选择"分离音频"选项，如图5-6所示。

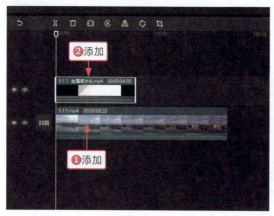

图5-5

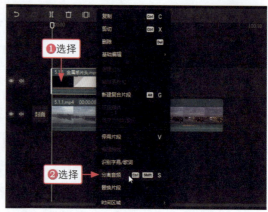

图5-6

步骤 03　分离金属感片头中的背景音频后，调整金属感片头的时长为2s，如图5-7所示。

步骤 04　在"画面"操作区的"基础"选项卡中，设置"混合模式"为"正片叠底"模式，如图5-8所示。

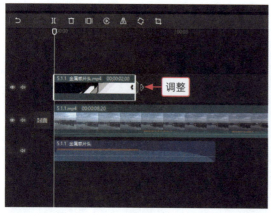

图5-7

图5-8

步骤 05　在1s的位置，添加一个默认文本并调整文本的时长至与电影片段的时长一致，在"文本"操作区中，❶输入电影名称；❷设置一个合适的字体；❸设置"字间距"参数为3；❹在"播放器"面板中调整文本的位置和大小，如图5-9所示。

步骤 06　在"动画"操作区的"入场"选项卡中，❶选择"故障打字机"动画；❷设置"动画时长"参数为1.0s，如图5-10所示。

步骤 07　在1s的位置，复制制作的中文名称文本后，粘贴在第2条字幕轨道中，在"文本"操作区中，❶输入电影的英文名称；❷设置一个合适的字体；❸在"播放器"面板中调整英文名称文本的位置和大小，使其位于中文名称下方，如图5-11所示。

步骤 08　在00:00:02:05的位置新建一个默认文本，并调整其结束位置至00:00:04:10，执行操作后，在"文本"操作区中，❶输入第1句预告文案；❷设置一个合适的字体；❸在"播放器"面板中调整文本的位置和大小，如图5-12所示。

• 第 5 章 • 预告：精彩视频抢先观看

图5-9

图5-10

图5-11

图5-12

步骤 09　复制制作的预告文案，在其后方粘贴两次，执行操作后，在"文本"操作区中，分别修改内容为第 2 句预告文案和首映时间，分别如图 5-13 和图 5-14 所示。

图5-13

图5-14

103

2. 用剪映手机版制作

剪映手机版的操作方法如下。

步骤 01　在剪映手机版中，❶将金属感片头和电影片段添加到视频轨道中；❷选择金属感片头视频；❸点击"切画中画"按钮，如图 5-15 所示，将金属感片头切换至画中画轨道中。

步骤 02　❶选择金属感片头；❷点击"音频分离"按钮，如图 5-16 所示。

步骤 03　分离金属感片头中的背景音频后，❶调整金属感片头的时长为 2.0s；❷点击"混合模式"按钮，如图 5-17 所示。

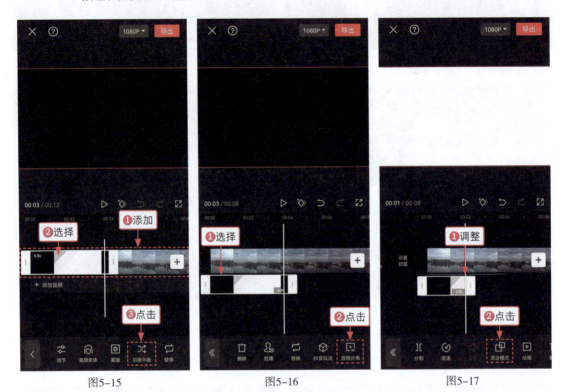

图5-15　　　　　　　　　图5-16　　　　　　　　　图5-17

步骤 04　在"混合模式"面板中，选择"正片叠底"选项，如图 5-18 所示。

步骤 05　在 1s 的位置新建一个文本，❶输入电影名称；❷选择一个合适的字体，如图 5-19 所示。

步骤 06　在"样式"选项卡的"排列"选项区中，❶设置"字间距"参数为 3；❷调整文本的位置和大小，如图 5-20 所示。

步骤 07　在"动画"选项卡的"入场动画"选项区中，❶选择"故障打字机"动画；❷设置动画时长为 1.0s，如图 5-21 所示。

步骤 08　❶返回，调整文本的结束位置至与视频的结束位置一致；❷点击"复制"按钮，如图 5-22 所示。

步骤 09　❶选择复制的文本；❷点击"编辑"按钮，如图 5-23 所示。

图5-18

图5-19

图5-20

图5-21

图5-22

图5-23

步骤 10 ❶修改文本内容为英文名称；❷选择一个合适的字体；❸调整文本的位置和大小，使其位于中文名称下方，如图 5-24 所示。

步骤 11 在 00:02 的位置新建一个文本，❶输入第 1 句预告文案"危机四伏 如何破局"；❷选择一个合适的字体；❸调整文本的位置和大小，如图 5-25 所示。

步骤 12　❶返回，调整第 3 个文本的结束位置至视频总长度的三分之一处；❷连续点击"复制"按钮两次，如图 5-26 所示。

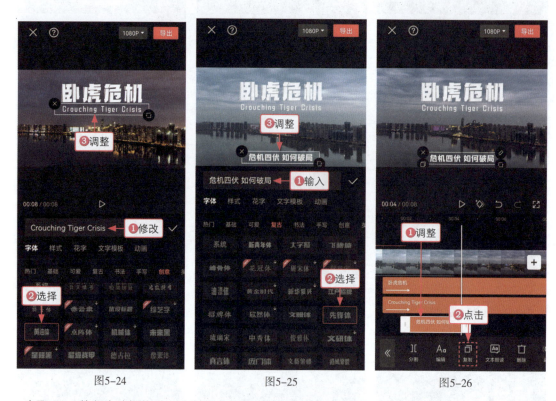

图5-24　　　　　　　图5-25　　　　　　　图5-26

步骤 13　执行上述操作后，分别拖曳所复制的两个文本至合适位置，并分别修改两个文本的内容为第 2 句预告文案和首映时间，如图 5-27 至图 5-29 所示。

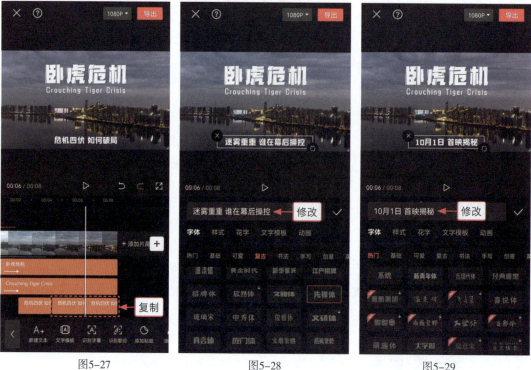

图5-27　　　　　　　图5-28　　　　　　　图5-29

5.1.2 电影质感大片预告：《12时辰》

效果展示 制作电影质感大片预告，需要先挑选一段节奏感强、比较震撼人心的背景音乐，根据音乐的鼓点节奏挑选出电影中的精彩片段进行卡点剪辑，再将剪辑的视频导入剪映，为其添加"电影感画幅"特效、预告字幕和片名字幕等。《12时辰》预告视频效果如图5-30至图5-35所示。

图5-30

图5-31

图5-32

图5-33

图5-34

图5-35

1. 用剪映电脑版制作

剪映电脑版的操作方法如下。

步骤 01 在剪映电脑版中，将电影片段添加到视频轨道中，在"播放器"面板中，可以查看视频画幅，效果如图5-36所示。

步骤 02 在"特效"功能区的"电影"选项卡中，单击"电影感画幅"特效中的"添加到轨道"按钮 ⊕ ，如图5-37所示。

 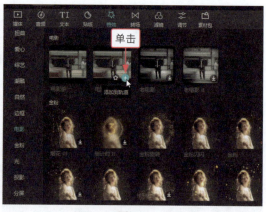

图5-36　　　　　　　　　　　　　　图5-37

步骤 03　执行上述操作后，即可添加"电影感画幅"特效。调整特效时长至与视频时长一致后，在"播放器"面板中查看电影感画幅视频效果，如图5-38所示。

步骤 04　在视频开始位置添加一个默认文本，调整文本时长为6s，在"文本"操作区中，❶输入预告文案；❷设置一个合适的字体；❸在"播放器"面板中调整文本的大小和位置，使其位于画面左上角的黑色边框中，如图5-39所示。

 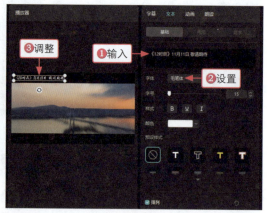

图5-38　　　　　　　　　　　　　　图5-39

步骤 05　在6s处，再次添加一个默认文本，调整文本的结束位置至与视频的结束位置一致，在"文本"操作区中，❶输入影片名称；❷设置一个合适的字体；❸在"播放器"面板中调整文本的大小和位置，将其稍微调大一些，如图5-40所示。

步骤 06　在"动画"操作区中，选择"溶解"入场动画，如图5-41所示，为影片名称添加入场动画效果。

步骤 07　复制制作的文本并将其粘贴至第2条字幕轨道中，如图5-42所示。

步骤 08　❶在"文本"操作区中修改文本内容；❷在"播放器"面板中调整文本的大小和位置，使其位于影片名称的上方，如图5-43所示。

步骤 09　复制步骤08中制作的文本并将其粘贴至第3条字幕轨道中，❶在"文本"操作区中修改内容为影片英文名称；❷在"播放器"面板中调整影片英文名称文本的大小和位置，使其位于影片中文名称的下方，如图5-44所示。

图5-40　　　　　　　　　　　　图5-41

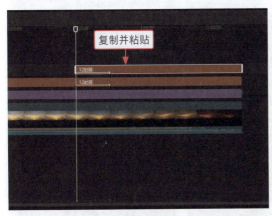

图5-42　　　　　　　　　　　　图5-43

图5-44

2. 用剪映手机版制作

剪映手机版的操作方法如下。

步骤 01　在剪映手机版中，❶将电影片段添加到视频轨道中；❷点击"特效"|"画面特效"按钮，如图 5-45 所示。

步骤 02　在"电影"选项卡中，选择"电影感画幅"特效，如图 5-46 所示。点击 ✓ 按钮，即可添加"电影感画幅"特效，执行操作后，调整特效时长至与视频时长一致。

步骤 03　在视频开始位置新建一个文本，❶输入预告文案；❷选择一个合适的字体；❸调整文本的大小和位置，使其位于画面左上角的黑色边框中，如图 5-47 所示。执行操作后，点击 ✓ 按钮返回，调整文本时长为 6s。

图 5-45

图 5-46

图 5-47

步骤 04　在 6s 处，再次新建一个文本，❶输入影片名称；❷选择一个合适的字体；❸调整文本的大小和位置，将其稍微调大一些，如图 5-48 所示。

步骤 05　在"动画"选项卡中，选择"溶解"入场动画，如图 5-49 所示，为影片名称添加入场动画效果。

步骤 06　点击 ✓ 按钮返回后，❶调整文本的结束位置至与视频的结束位置一致；❷点击"复制"按钮，如图 5-50 所示。

步骤 07　❶移动复制的文本至第 2 条字幕轨道中；❷点击"编辑"按钮，如图 5-51 所示。

步骤 08　❶修改文本内容；❷调整文本的大小和位置，使其位于影片名称的上方，如图 5-52 所示。

步骤 09　再次点击"复制"按钮，❶移动复制的文本至第 3 条字幕轨道中；❷修改内容为影片英文名称并调整影片英文名称文本的大小和位置，使其位于影片中文名称的下方，如图 5-53 所示。

图5-48

图5-49

图5-50

图5-51

图5-52

图5-53

5.2 综艺预告

综艺预告有预播宣传、定期预告、下期预告等形式，一般情况下，下期预告紧接在当期片尾，主要用来吸引观众，保持和提高节目的收视率；而预播宣传和定期预告主要起预热和宣传的作用。本节将为大家介绍节目预播宣传和节目定期预告这两种综艺预告的制作方法。

5.2.1 节目预播宣传：《出发去旅行》

效果展示 制作节目预播宣传片时，首先，在提前录制好的片段中节选几段经典场景，将其制作成一个完整的预播视频，导入剪映中；然后，通过添加花字制作节目片名，制作过程中，可以为花字添加动画效果，使文字更具观赏性，如果有需要，还可以添加与节目名称相衬的贴纸，增加画面趣味性；最后，添加一个文本，输入节目预播时间，并设置文字字体、文本位置和大小等。《出发去旅行》预播效果如图 5-54 至图 5-57 所示。

图5-54

图5-55

图5-56

图5-57

1. 用剪映电脑版制作

剪映电脑版的操作方法如下。

步骤 01 在剪映电脑版中，将视频添加到视频轨道中，拖曳时间指示器至 00:00:01:00 的位置后，在"文本"功能区的"花字"|"黑白"选项卡中，找到一个合适的花字，单击其中的"添加

到轨道"按钮, 如图5-58所示。执行操作后, 即可添加花字文本, 调整文本的结束位置至与视频的结束位置一致。

步骤 02　在"文本"操作区中, ❶输入节目名称的前两个字; ❷设置一个合适的字体, 如图5-59所示。

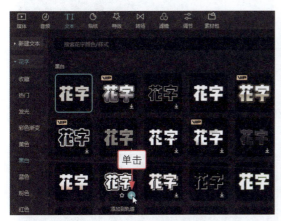

图5-58

图5-59

步骤 03　在"位置大小"选项区中, 设置"位置"X参数为-311、Y参数为565, 如图5-60所示。

步骤 04　在"动画"操作区中, 选择"随机飞入"入场动画, 如图5-61所示。

图5-60

图5-61

步骤 05　在动画的结束位置添加一个默认文本, 并调整动画的结束位置至与视频的结束位置一致, 在"文本"操作区中, ❶输入节目名称中剩下的3个字; ❷设置一个合适的字体; ❸选择一个预设样式, 如图5-62所示。

步骤 06　在"位置大小"选项区中, 设置"位置"X参数为155、Y参数为129, 使后3个字位于前两个字的下方, 如图5-63所示。

步骤 07　在"动画"操作区中, ❶选择"波浪弹入"入场动画; ❷设置"动画时长"参数为1.5s, 如图5-64所示。

步骤 08　拖曳时间指示器至第2个文本的动画结束位置后, 在"贴纸"功能区中, ❶搜索"旅行"; ❷找到两人提着包旅行样式的贴纸, 单击其中的"添加到轨道"按钮![], 如图5-65所示。添加第1个贴纸后, 调整其结束位置至与视频结束位置一致。

图5-62

图5-63

图5-64

图5-65

步骤 09 在"播放器"面板中，调整第1个贴纸的位置和大小，使其位于第2个文本的左侧，如图5-66所示。

步骤 10 在"动画"操作区中，❶选择"渐显"入场动画；❷设置"动画时长"参数为1.5s，如图5-67所示。

图5-66

图5-67

步骤 11 在"贴纸"功能区中，找到飞机飞行样式的贴纸，单击其中的"添加到轨道"按钮，如图5-68所示。添加第2个贴纸后，调整贴纸时长和结束位置至与第1个贴纸的时长和结束位置一致。

步骤 12　在"播放器"面板中,调整第 2 个贴纸的位置和大小,使其位于第 2 个文本的右上角,如图 5-69 所示。

图5-68

图5-69

步骤 13　在"动画"操作区中,❶选择"向右滑动"入场动画;❷设置"动画时长"参数为 1.5s,如图 5-70 所示。

步骤 14　在贴纸动画结束的位置添加一个默认文本,调整文本的结束位置至与视频的结束位置一致,在"文本"操作区中,❶输入节目预播时间;❷设置一个合适的字体;❸在"播放器"面板中调整文本的位置和大小,使其位于节目名称的下方,如图 5-71 所示。

图5-70

图5-71

2. 用剪映手机版制作

剪映手机版的操作方法如下。

步骤 01　在剪映手机版中,将视频添加到视频轨道中,拖曳时间轴至 1s 的位置,新建一个文本,在"花字"选项卡的"热门"选项区中,❶选择一个合适的花字;❷输入节目名称的前两个字,如图 5-72 所示。

步骤 02　在"字体"选项卡中,❶选择一个合适的字体;❷调整文本的大小和位置,如图 5-73 所示。

步骤 03　在"动画"选项卡中,选择"随机飞入"入场动画,如图 5-74 所示。点击 ✓ 按钮后,即可添加第 1 个文本,调整文本的结束位置至与视频的结束位置一致。

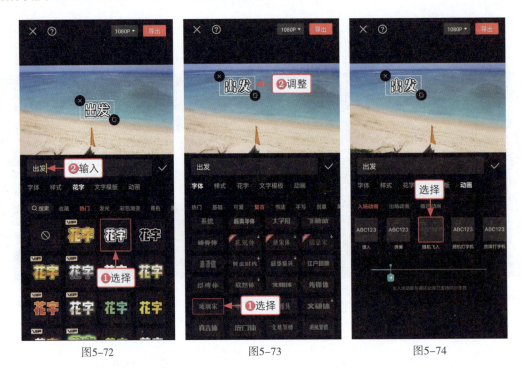

图5-72　　　　　　　　图5-73　　　　　　　　图5-74

步骤 04　在动画的结束位置新建一个文本，❶输入节目名称中剩下的 3 个字；❷选择一个合适的字体，如图 5-75 所示。

步骤 05　❶切换至"样式"选项卡；❷选择一个预设样式；❸调整两个文本的位置，使后 3 个字位于前两个字的下方，如图 5-76 所示。

步骤 06　在"动画"选项卡中，❶选择"波浪弹入"入场动画；❷设置动画时长为1.5s，如图5-77所示。点击 ✓ 按钮后，即可添加第 2 个文本，调整文本的结束位置至与视频的结束位置一致。

图5-75　　　　　　　　图5-76　　　　　　　　图5-77

步骤 07 ❶拖曳时间轴至动画结束位置；❷点击"添加贴纸"按钮，如图 5-78 所示。

步骤 08 在贴纸素材库中，❶搜索"旅行"；❷选择两人提着包旅行样式的贴纸；❸调整第 1 个贴纸的大小和位置，使其位于第 2 个文本的左侧，如图 5-79 所示。

步骤 09 执行上述操作后，❶选择飞机飞行样式的贴纸；❷调整第 2 个贴纸的大小和位置，使其位于第 2 个文本的右上角，如图 5-80 所示。

图5-78

图5-79

图5-80

步骤 10 ❶返回，调整两个贴纸的结束位置至与视频的结束位置一致；❷选择第 1 个贴纸；❸点击"动画"按钮，如图 5-81 所示。

步骤 11 在"贴纸动画"面板中，❶选择"渐显"入场动画；❷设置动画时长为 1.5s，如图 5-82 所示。

步骤 12 执行上述操作后，返回，选择第 2 个贴纸，点击"动画"按钮，在"贴纸动画"面板中，❶选择"向右滑动"入场动画；❷设置动画时长为 1.5s，如图 5-83 所示。

步骤 13 点击 ✓ 按钮返回，在贴纸动画的结束位置新建一个文本，❶输入节目预播时间；❷选择一个合适的字体；❸调整文本的位置和大小，使其位于节目名称的下方，如图 5-84 所示。点击 ✓ 按钮返回，调整文本的结束位置至与视频的结束位置一致。

图5-81

图5-82

图5-83

图5-84

5.2.2 节目定期预告：《城市里的声音》

效果展示 在剪映中制作节目定期预告，需要体现节目名称、定期播出的时间和播放平台。《城市里的声音》预告效果如图5-85和图5-86所示。

图5-85

图5-86

1. 用剪映电脑版制作

剪映电脑版的操作方法如下。

步骤 01 在剪映电脑版中，将视频添加到视频轨道中后，在视频开始位置添加一个默认文本，调整其时长至与视频时长一致，在"文本"操作区中，❶输入节目名称；❷设置一个合适的字体；❸选择一个预设样式；❹调整节目名称的位置至画面中上部，如图5-87所示。

步骤 02 在"动画"操作区中，❶选择"向下飞入"入场动画；❷设置"动画时长"参数为1.3s，如图5-88所示。

图5-87

图5-88

步骤 03 拖曳时间指示器至 00:00:02:00 的位置,在"文本"功能区的"花字"|"黑白"选项卡中,找到一个合适的花字,单击其中的"添加到轨道"按钮 ,如图 5-89 所示。执行操作后,即可添加一个花字文本,调整其结束位置至与视频结束位置一致。

步骤 04 在"文本"操作区中,❶输入播出时间和播出平台;❷设置"缩放"参数为 75%;❸设置"字间距"参数为 1、"行间距"参数为 10;❹在"播放器"面板中调整文本的大小和位置,如图 5-90 所示。

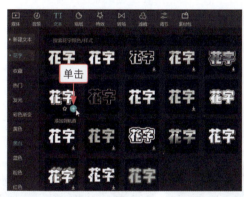
图5-89

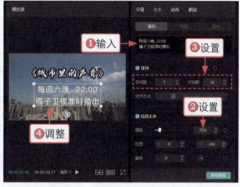
图5-90

步骤 05 在"动画"操作区中,❶选择"打字机Ⅰ"入场动画;❷设置"动画时长"参数为 3.0s,如图 5-91 所示。

步骤 06 在"朗读"操作区中,❶选择"新闻男声"音色;❷单击"开始朗读"按钮,如图 5-92 所示。

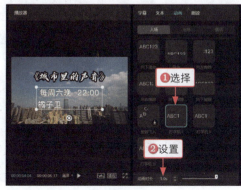
图5-91

图5-92

步骤 07　执行上述操作后，即可在与第 2 个文本对应的位置生成文本语音，如图 5-93 所示。

步骤 08　选择第 1 个文本，用与上述方法同样的方法生成文本语音，并调整文本语音的位置，使其结束位置与第 2 个文本的文本语音的开始位置相连，如图 5-94 所示。

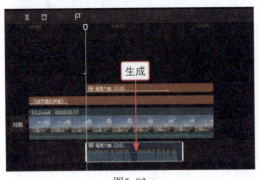

图5-93

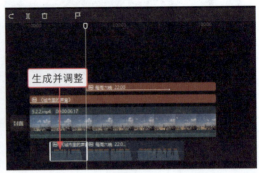

图5-94

2. 用剪映手机版制作

剪映手机版的操作方法如下。

步骤 01　在剪映手机版中，将视频添加到视频轨道中后，在视频开始位置新建一个文本，❶输入节目名称；❷选择一个合适的字体，如图 5-95 所示。

步骤 02　在"样式"选项卡中，❶选择一个预设样式；❷调整节目名称的位置至画面中上部，如图 5-96 所示。

步骤 03　在"动画"选项卡中，❶选择"向下飞入"入场动画；❷设置动画时长为 1.3s，如图 5-97 所示。点击✓按钮后，即可添加第 1 个文本，调整文本的结束位置至与视频的结束位置一致。

图5-95

图5-96

图5-97

步骤 04 拖曳时间轴至 00:02 的位置，新建一个文本，❶输入播出时间和播出平台；❷设置字体为"系统"默认字体，如图 5-98 所示。

步骤 05 在"花字"｜"黑白"选项卡中，选择一个合适的花字，如图 5-99 所示。

步骤 06 ❶在"样式"选项卡中，设置"字间距"参数为 1、"行间距"参数为 10；❷调整文本的位置和大小，如图 5-100 所示。

图5-98　　　　　　　　图5-99　　　　　　　　图5-100

步骤 07 在"动画"选项卡中，❶选择"打字机Ⅰ"入场动画；❷设置动画时长为 3.0s，如图 5-101 所示。

步骤 08 点击 ✓ 按钮返回，❶调整文本的结束位置至与视频的结束位置一致；❷点击"文本朗读"按钮，如图 5-102 所示。

步骤 09 在"音色选择"面板中，❶选择"新闻男声"音色；❷选中"应用到全部文本"复选框，对所有文本进行文本朗读处理，如图 5-103 所示。

步骤 10 执行上述操作后，即可在分别与两个文本对应的位置生成文本语音，如图 5-104 所示。

步骤 11 调整第 1 个文本语音的位置，使其结束位置与第 2 个文本语音的开始位置相连，如图 5-105 所示。

图5-101　　　　　　　图5-102　　　　　　　图5-103

图5-104　　　　　　　图5-105

课后实训：制作节目首播预告

效果展示　制作节目首播预告，除了可以采用5.2.1节中的预播宣传形式外，还可以参考5.1.2节中电影预告的形式，将首播预告文案放置在画面左上角。《名胜景观》预告效果如图5-106和图5-107所示。

图5-106

图5-107

本案例制作步骤如下。

制作节目首播预告，准备好节目中的精彩片段，添加字幕和转场效果，将精彩片段剪辑成一段预告视频即可。在剪映电脑版中，❶将剪辑好的预告视频添加到视频轨道中；❷添加一个默认文本并调整时长为10s，如图5-108所示。

在"文本"操作区中，❶输入节目首播预告文案；❷设置一个合适的字体；❸选择白边黑字预设样式；❹在"播放器"面板中调整文本的大小和位置，使文字显示在画面左上角，如图5-109所示。随后，在"动画"操作区的"出场"选项卡中，选择"羽化向右擦除"动画，即可完成对节目首播预告效果的制作。

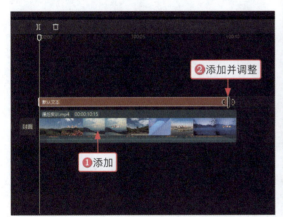
图5-108

图5-109

第 6 章 宣传：商务广告短片制作

随着视频传媒的发展，商务宣传短片开始频繁出现在各大荧幕上。本章主要介绍使用剪映制作商务宣传短片的方法，包括制作美食广告、书店广告、健身广告等。这些短片都具有一定的商业因素，既可用于商业活动，也可用于广告宣传。

6.1 美食广告：《筷乐餐厅》

效果展示 相对于美食图片和文字描述来说，美食视频更能引起人们的口腹之欲，因此，制作美食广告短片是线下门店推广菜品、宣传品牌的重要手段之一。美食广告短片可以展现饭店的招牌菜、食材、烹饪方法、细节处理、美食文化、特色风味、服务宗旨等内容，制作的美食广告短片不仅可以在线下门店播放，还可以在电梯、商场展示屏等地方播放。此外，在饿了么、美团以及大众点评等大众所熟知的 App 上也可以进行广告投放，加强宣传力度，吸引更多客源。《筷乐餐厅》广告效果如图 6-1 至图 6-6 所示。

图6-1

图6-2

图6-3

图6-4

图6-5

图6-6

1. 用剪映电脑版制作

剪映电脑版的操作方法如下。

步骤 01　在剪映电脑版中，导入 10 张美食照片素材，如图 6-7 所示。

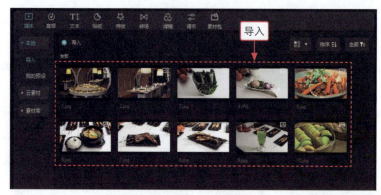

图6-7

步骤 02　将照片素材添加到视频轨道中，调整第 1 张照片时长为 3s、第 2 张照片时长为 2s、第 3 张至第 10 张照片时长分别为 1.5s，如图 6-8 所示。

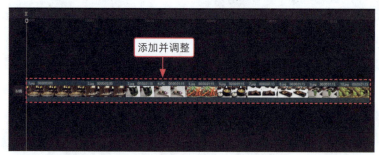

图6-8

步骤 03　选择第 1 张照片后，在"动画"操作区的"组合"选项卡中，选择"悠悠球Ⅱ"动画，如图 6-9 所示，为照片添加动画效果。

步骤 04　用与上述方法同样的方法，依次选择第 2 张至第 10 张照片，在"动画"操作区的"组合"选项卡中，选择"缩放"动画，如图 6-10 所示，为后面 9 张照片分别添加"缩放"动画效果。

图6-9

图6-10

步骤 05 拖曳时间指示器至视频开始位置后,在"特效"功能区的"基础"选项卡中,单击"渐显开幕"特效中的"添加到轨道"按钮,如图 6-11 所示。

步骤 06 执行上述操作后,即可添加"渐显开幕"特效,调整特效时长为 1s,如图 6-12 所示,为视频制作渐显开幕效果。

 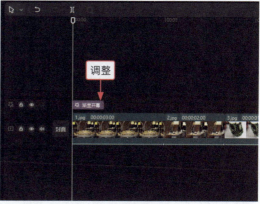

图6-11　　　　　　　　　　　　　　图6-12

步骤 07 拖曳时间指示器至 1s 的位置后,添加一个默认文本,调整文本的结束位置至与第 2 张照片的结束位置一致,在"文本"操作区中,❶输入第 1 句广告文案;❷选择一个预设样式;❸在"播放器"面板中调整文本的位置和大小,如图 6-13 所示。

步骤 08 在"动画"操作区的"入场"选项卡中,❶选择"波浪弹入"动画;❷设置"动画时长"参数为 1.5s,如图 6-14 所示。

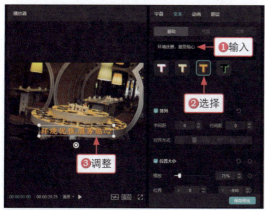 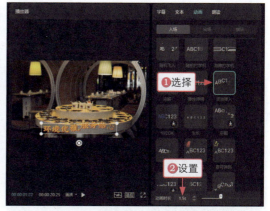

图6-13　　　　　　　　　　　　　　图6-14

步骤 09 在"出场"选项卡中,选择"渐隐"动画,如图 6-15 所示。

步骤 10 复制制作的文本,在与照片对应的位置粘贴,并修改内容为对应的广告文案,效果如图 6-16 所示。

步骤 11 在"音频"功能区的"音频提取"选项卡中,单击"导入"按钮,如图 6-17 所示。

步骤 12 弹出"请选择媒体资源"对话框,❶选择需要提取背景音乐的视频;❷单击"导入"按钮,如图 6-18 所示。

图6-15

图6-16

图6-17

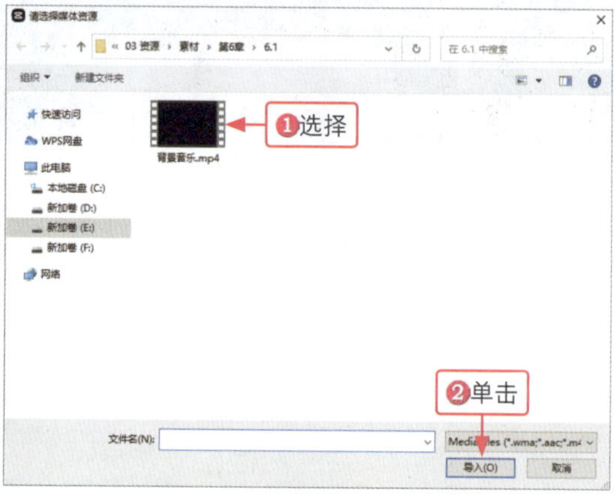

图6-18

步骤 13 执行上述操作后，即可提取背景音乐，如图6-19所示。

步骤 14 将提取的背景音乐添加到音频轨道中，如图6-20所示。

图6-19

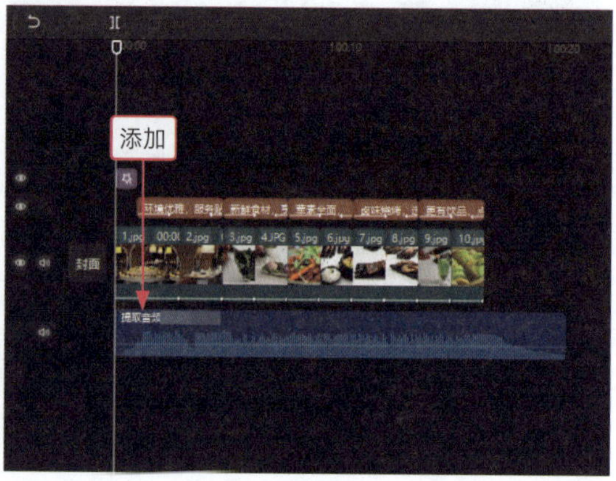

图6-20

步骤 15 拖曳时间指示器至最后一张照片的结束位置后，在"文本"功能区的"文字模板"|"美食"选项卡中，单击"味"字模板中的"添加到轨道"按钮，如图6-21所示。

步骤 16 将文字模板添加到时间指示器的位置，调整文本时长，使其结束位置与背景音乐的结束位置一致，❶在"文本"操作区中修改文本内容为餐厅名称；❷在"播放器"面板中调整文本的大小和位置，如图6-22所示。

• 第 6 章 • 宣传：商务广告短片制作

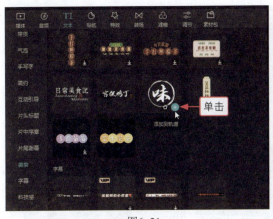

图6-21

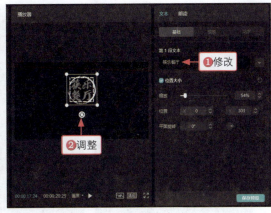

图6-22

步骤 17　在第 2 条字幕轨道中添加一个默认文本，并调整文本的位置，使文本的结束位置与餐厅名称的结束位置一致，在"文本"操作区中，❶输入广告标语；❷设置一个合适的字体；❸在"播放器"面板中调整文本的大小和位置，如图 6-23 所示。

步骤 18　在"动画"操作区的"入场"选项卡中，❶选择"打字机Ⅱ"动画；❷设置"动画时长"参数为 2.0s，如图 6-24 所示。至此，完成对美食广告短片的制作。

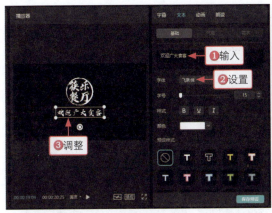

图6-23

图6-24

2. 用剪映手机版制作

剪映手机版的操作方法如下。

步骤 01　在剪映手机版中，❶导入 10 张美食照片素材，调整第 1 张照片时长为 3s、第 2 张照片时长为 2s、第 3 张至第 10 张照片时长分别为 1.5s；❷点击"音频"按钮，如图 6-25 所示。

步骤 02　在工具栏中，点击"提取音乐"按钮，如图 6-26 所示。

步骤 03　进入"照片视频"界面，❶选择需要提取背景音乐的视频；❷点击"仅导入视频的声音"按钮，如图 6-27 所示。执行操作后，即可提取背景音乐。

步骤 04　❶选择第 1 张照片；❷点击"动画"|"组合动画"按钮，如图 6-28 所示。

步骤 05　在"组合动画"面板中，选择"悠悠球Ⅱ"动画，如图 6-29 所示，为照片添加动画效果。

步骤 06　用与上述方法同样的方法，❶依次选择第 2 张至第 10 张照片；❷在"组合动画"面板中选择"缩放"动画，如图 6-30 所示，为 9 张照片分别添加"缩放"动画效果。

129

图6-25

图6-26

图6-27

图6-28

图6-29

图6-30

步骤 07　拖曳时间轴至视频开始位置，点击"特效"|"画面特效"按钮，在"基础"选项卡中，选择"渐显开幕"特效，如图6-31所示。

步骤 08　点击 ✓ 按钮，即可添加"渐显开幕"特效，调整特效时长为1s，如图6-32所示，为视频制作渐显开幕效果。

步骤 09　拖曳时间轴至1s的位置，新建一个文本，❶输入第1句广告文案；❷选择一个合适的字体，如图6-33所示。

图6-31　　　　　　　　　图6-32　　　　　　　　　图6-33

步骤 10　❶在"样式"选项卡中，选择一个预设样式；❷调整文本的位置和大小，如图6-34所示。

步骤 11　在"动画"|"入场动画"选项卡中，❶选择"波浪弹入"动画；❷设置动画时长为1.5s，如图6-35所示。

步骤 12　在"出场动画"选项卡中，选择"渐隐"动画，如图6-36所示，返回，调整文本的结束位置至与第2张照片的结束位置一致。

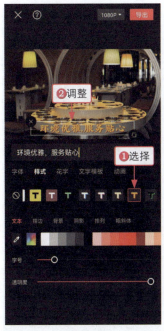  

图6-34　　　　　　　　　图6-35　　　　　　　　　图6-36

步骤 13　在与照片对应的位置复制、粘贴制作的文本，并修改其内容为对应的广告文案，效果如图6-37所示。

步骤 14 拖曳时间轴至最后一张照片的结束位置，新建一个文本，在"文字模板"|"美食"选项卡中，❶选择"味"字模板；❷修改文本内容为餐厅名称；❸调整文本的位置和大小，如图 6-38 所示。

步骤 15 ❶返回，调整文本时长，使其结束位置与背景音乐的结束位置一致；❷点击"新建文本"按钮，如图 6-39 所示。

图6-37

图6-38

图6-39

步骤 16 在第2条字幕轨道中新建一个文本，❶输入广告标语；❷选择一个合适的字体；❸调整文本的位置和大小，如图 6-40 所示。

步骤 17 在"动画"|"入场动画"选项卡中，❶选择"打字机Ⅱ"动画；❷设置动画时长为 2.0s，如图 6-41 所示。返回，调整文本的位置，使文本的结束

图6-40

图6-41

位置与餐厅名称的结束位置一致，至此，完成对美食广告短片的制作。

6.2 书店广告：《湖南书城》

效果展示 现在，很多人喜欢看电子书，去实体书店的人少了，为了增加书店的客流量，很多书店会拍摄一些书店的照片或视频，通过后期剪辑，制作成广告宣传短片，吸引更多顾客到实体店去看书、读书、交流学术文化。《湖南书城》广告效果如图6-42至图6-49所示。

图6-42

图6-43

图6-44

图6-45

图6-46

图6-47

图6-48　　　　　　　　　　　　　　图6-49

1. 用剪映电脑版制作

剪映电脑版的操作方法如下。

步骤 01　在剪映电脑版中，导入一个片头视频、一个背景边框视频，以及 4 张书店照片素材，如图 6-50 所示。

步骤 02　将片头视频和背景边框视频添加至视频轨道中，如图 6-51 所示。

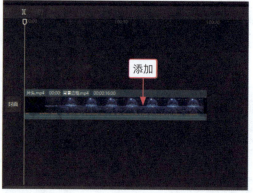

图6-50　　　　　　　　　　　　　　图6-51

步骤 03　拖曳时间指示器至 00:00:00:15 的位置，在"文本"功能区的"花字"｜"蓝色"选项卡中，找到一个合适的花字并单击其中的"添加到轨道"按钮 ，如图 6-52 所示。执行操作后，即可添加花字文本，调整文本的结束位置至与片头视频的结束位置一致。

步骤 04　在"文本"操作区中，❶输入书店名称；❷设置一个合适的字体，如图 6-53 所示。

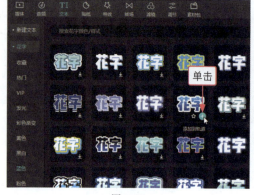
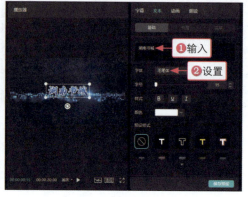

图6-52　　　　　　　　　　　　　　图6-53

步骤 05　❶在"排列"选项区中设置"字间距"参数为3；❷在"播放器"面板中调整文本的大小，如图6-54所示。

步骤 06　在"动画"操作区的"入场"选项卡中，❶选择"溶解"动画；❷设置"动画时长"参数为1.5s，如图6-55所示。

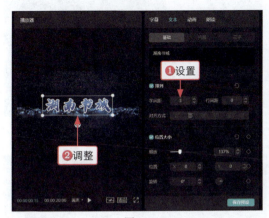

图6-54

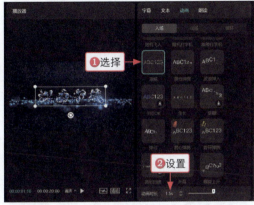

图6-55

步骤 07　在"出场"选项卡中，选择"渐隐"动画，如图6-56所示。

步骤 08　❶拖曳时间指示器至背景边框视频的开始位置；❷在画中画轨道中添加第1张照片素材并调整时长为00:00:07:20，如图6-57所示。

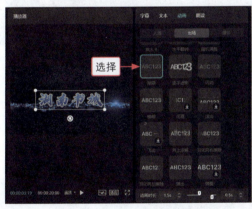

图6-56

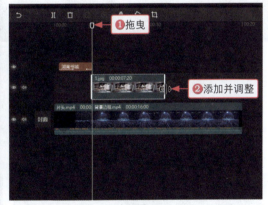

图6-57

步骤 09　拖曳时间指示器至00:00:04:05的位置（方框出现在画面中的位置）后，❶在"播放器"面板中，将照片画面缩小，使其位于方框内；❷在"画面"操作区中点亮"缩放"右侧的关键帧◆，如图6-58所示。

步骤 10　拖曳时间指示器至00:00:08:24的位置（方框在画面中停住的位置）后，❶在"播放器"面板中，将照片画面调大，使其位于方框内；❷在"画面"操作区中，"缩放"右侧的关键帧◆自动点亮，如图6-59所示，制作照片缩放动画效果，使其跟随方框由小变大。

步骤 11　在"动画"操作区的"出场"选项卡中，❶选择"向左滑动"动画；❷设置"动画时长"参数为1.0s，如图6-60所示，使照片跟随方框向左滑出画面。

步骤 12　❶拖曳时间指示器至00:00:11:10的位置（第2个方框即将出现在画面中的位置）；❷将第2张照片添加至第2条画中画轨道中，调整其时长为00:00:02:25，如图6-61所示。

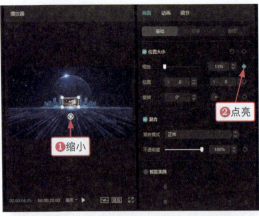
图6-58

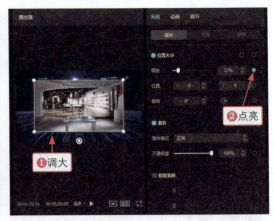
图6-59

图6-60

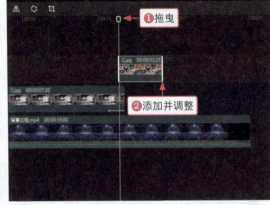
图6-61

步骤 13　拖曳时间指示器至 00:00:12:10 的位置（第 2 个方框停在画面中的位置），在"画面"操作区中设置"缩放"参数为 72%，使照片位于方框中，如图 6-62 所示。

步骤 14　在"动画"操作区的"入场"选项卡中，❶选择"向左滑动"动画；❷设置"动画时长"参数为 1.0s，如图 6-63 所示。

图6-62

图6-63

步骤 15　❶拖曳时间指示器至 00:00:12:10 的位置；❷单击"分割"按钮 Ⅱ，如图 6-64 所示，将第 2 张照片分割成两段。

步骤 16　选择分割后的后半段照片,在"动画"操作区的"出场"选项卡中,❶选择"向左滑动"动画;❷设置"动画时长"参数为1.0s,如图6-65所示,完成对第2组照片滑动效果的制作。

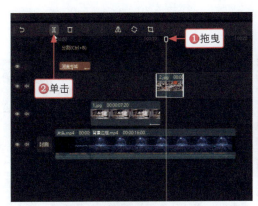
图6-64

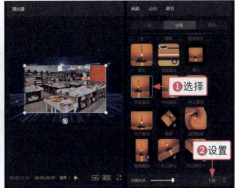
图6-65

步骤 17　❶拖曳时间指示器至00:00:13:25的位置(第3个方框即将出现的位置);❷复制第2组照片并粘贴至第1条画中画轨道中,如图6-66所示。

步骤 18　在"媒体"功能区中,选择第3张照片,将其拖曳至需要替换的前半段照片上,如图6-67所示。

步骤 19　释放鼠标左键,弹出"替换"对话框,单击"替换片段"按钮,如图6-68所示。

步骤 20　执行上述操作后,即可替换前半段照片,如图6-69所示。

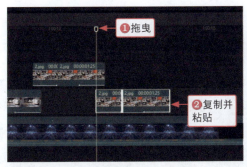
图6-66

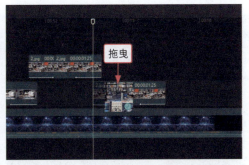
图6-67

图6-68

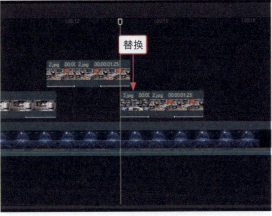
图6-69

步骤 21 用与上述方法同样的方法，替换后半段照片，如图6-70所示，完成对第3组照片滑动效果的制作。

步骤 22 ①拖曳时间指示器至00:00:16:10的位置（第4个方框即将出现的位置）；②复制并粘贴第3组照片至第2条画中画轨道中；③调整后半段照片的结束位置至00:00:18:00的位置，如图6-71所示。

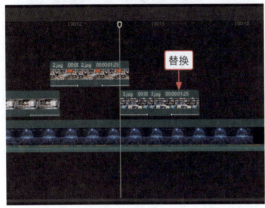
图6-70

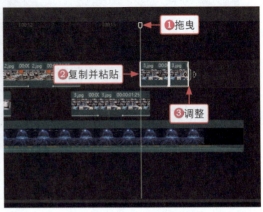
图6-71

步骤 23 执行上述操作后，对复制并粘贴的第3组照片进行替换操作，将照片替换成第4组照片，如图6-72所示。

步骤 24 选择第4组照片中的后半段照片，在"动画"操作区的"出场"选项卡中，选择"无"选项，禁用动画效果，如图6-73所示，完成对第4组照片的制作。

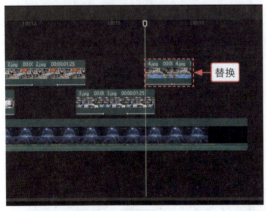
图6-72

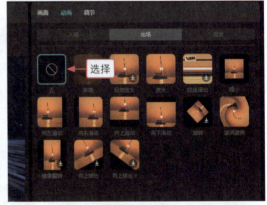
图6-73

步骤 25 在第1张照片的开始位置添加一个默认文本，并调整其结束位置至与第2张照片的开始位置一致，在"文本"操作区中，①输入第1句广告文案；②设置一个合适的字体；③在"播放器"面板中调整文本的位置和大小，如图6-74所示。

步骤 26 在"位置大小"选项区中，点亮"缩放"和"位置"右侧的关键帧◆，如图6-75所示，为文本添加第1组关键帧。

步骤 27 拖曳时间指示器至照片第2个关键帧的位置，再次调整文本的位置和大小，如图6-76所示，此时，"缩放"和"位置"关键帧会自动点亮，添加第2组文本关键帧，使文字跟随照片逐渐变大。

步骤 28 复制制作的文本，粘贴在第 1 张照片结束的位置，在"文本"操作区中，❶修改文本内容为第 2 句广告文案；❷删除"缩放"和"位置"关键帧，如图 6-77 所示。

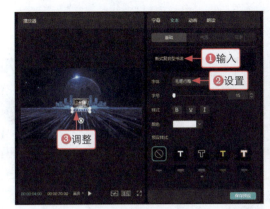

图6-74　　　　　　　　　　图6-75

图6-76　　　　　　　　　　图6-77

步骤 29 ❶调整第 2 个广告文本的结束位置至与第 3 组照片的开始位置一致；❷使用复制并粘贴的方法，在分别与第 3 组照片和第 4 组照片对应的位置添加两个广告文本并修改文本内容，如图 6-78 所示。

步骤 30 复制制作的文本，在第 4 组照片结束的位置粘贴，调整文本的结束位置至与视频的结束位置一致后，❶在"文本"操作区中修改文本内容为结束语；❷在"播放器"面板中调整文本的位置和大小，如图 6-79 所示。

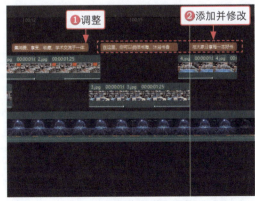

图6-78　　　　　　　　　　图6-79

步骤 31　在"动画"操作区的"入场"选项卡中，❶选择"收拢"动画；❷设置"动画时长"参数为 1.0s，如图 6-80 所示。

步骤 32　拖曳时间指示器至最后一个文本的开始位置，在"特效"功能区的"氛围"选项卡中，找到"星火"特效并单击其中的"添加到轨道"按钮，如图 6-81 所示。

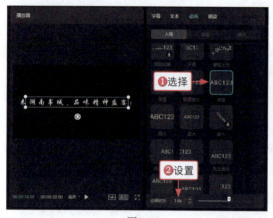

图6-80

图6-81

步骤 33　执行上述操作后，即可在轨道中添加"星火"特效。调整特效的结束位置至与视频的结束位置一致，如图 6-82 所示。

步骤 34　即可在"播放器"面板中查看添加"星火"特效后的效果，如图 6-83 所示。

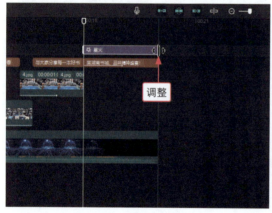

图6-82

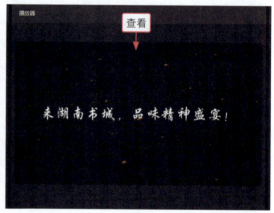

图6-83

2. 用剪映手机版制作

剪映手机版的操作方法如下。

步骤 01　在剪映手机版中，❶导入一个片头视频和一个背景边框视频；❷拖曳时间轴至 0.5s 处；❸点击"文字"｜"新建文本"按钮，如图 6-84 所示。

步骤 02　❶输入书店名称；❷选择一个合适的字体，如图 6-85 所示。

步骤 03　在"样式"选项卡的"排列"选项区中，❶设置"字间距"参数为 3；❷调整文本的大小和位置，如图 6-86 所示。

步骤 04　在"花字"｜"蓝色"选项卡中，选择一个合适的花字，如图 6-87 所示。

步骤 05 在"动画"|"入场动画"选项区中，❶选择"溶解"动画；❷设置动画时长为1.5s，如图 6-88 所示。

步骤 06 在"出场动画"选项区中，选择"渐隐"动画，如图 6-89 所示。执行操作后，即可添加片头文本，调整片头文本的结束位置至与片头视频的结束位置一致。

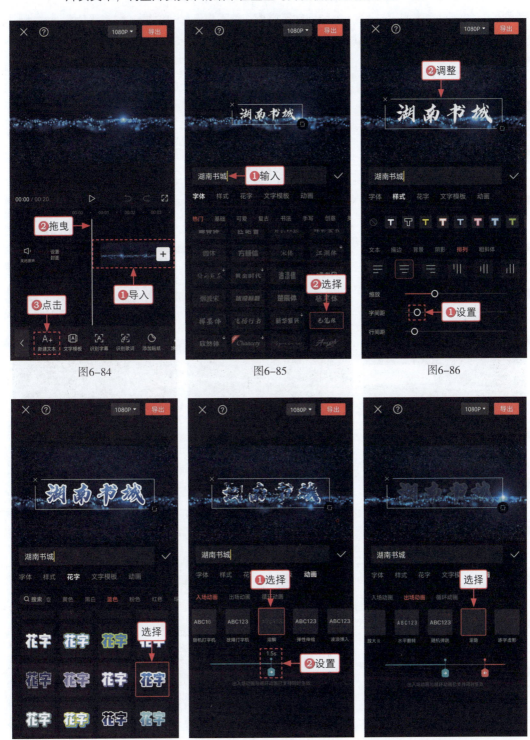

图6-84　　　　　　　图6-85　　　　　　　图6-86

图6-87　　　　　　　图6-88　　　　　　　图6-89

步骤07　执行上述操作后，❶拖曳时间轴至背景边框视频的开始位置；❷在画中画轨道中添加第1张照片素材并调整其时长为7.7s，如图6-90所示。

步骤08　❶拖曳时间轴至4s5f的位置（方框出现在画面中的位置）；❷将照片画面缩小，使其位于方框内；❸点击◇按钮，如图6-91所示，添加一个关键帧。

步骤09　执行上述操作后，❶拖曳时间轴至方框在画面中停住的位置；❷将照片画面调大；❸此时，照片上会自动添加一个关键帧，如图6-92所示，制作照片缩放动画效果，使照片跟随方框由小变大。

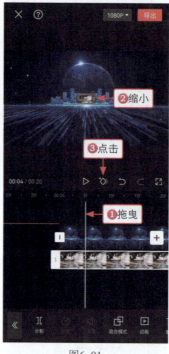
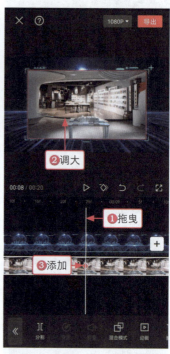

图6-90　　　　　　　　图6-91　　　　　　　　图6-92

步骤10　点击"动画"|"出场动画"按钮，在"出场动画"面板中，❶选择"向左滑动"动画；❷设置动画时长为1.0s，如图6-93所示，使照片跟随方框向左滑出画面。

步骤11　❶拖曳时间轴至11s10f的位置（第2个方框即将出现在画面中的位置）；❷将第2张照片添加至第2条画中画轨道中，调整其时长为2.8s，如图6-94所示。

步骤12　❶拖曳时间轴至12s10f的位置（第2个方框停在画面中的位置）；❷调整照片大小，使其位于方框内；❸点击"分割"按钮，如图6-95所示。

步骤13　选择分割后的前半段照片，点击"动画"|"入场动画"按钮，在"入场动画"面板中，❶选择"向左滑动"动画；❷设置动画时长为1.0s，如图6-96所示。

步骤14　选择分割后的后半段照片，点击"出场动画"按钮，在"出场动画"面板中，❶选择"向左滑动"动画；❷设置动画时长为1.0s，如图6-97所示，制作第2组照片滑动效果。

步骤15　复制制作的第2组照片并粘贴至13s25f的位置（第3个方框即将出现的位置），如图6-98所示。

• 第6章 • 宣传：商务广告短片制作

图6-93　　　　　　图6-94　　　　　　图6-95

图6-96　　　　　　图6-97　　　　　　图6-98

步骤 16　❶选择复制并粘贴后的前半段照片；❷点击"替换"按钮，如图6-99所示。

步骤 17　❶将前半段照片替换成第3张照片；❷用与上述方法同样的方法替换后半段照片，如图6-100所示，注意调整照片画面的大小，制作第3组照片滑动效果。

143

步骤 18　执行上述操作后，❶复制制作的第 3 组照片并粘贴至 16s10f 的位置（第 4 个方框即将出现的位置）；❷调整后半段照片的结束位置至 18s 的位置（画面即将渐隐变黑的位置），如图 6-101 所示。

图6-99

图6-100

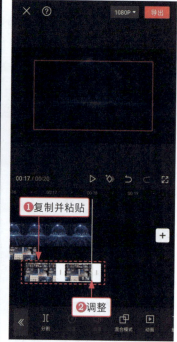
图6-101

在剪映手机版中替换照片素材时，需要注意替换后的照片画面有可能会恢复原始的尺寸（接近于满屏状态），因此替换照片素材后，要检查一下照片素材的大小，如果与替换前的大小不一致，需要及时进行调整。

步骤 19　执行上述操作后，对复制并粘贴后的第 3 组照片进行替换操作，将照片替换成第 4 组照片，如图 6-102 所示，注意调整照片的画面大小。

步骤 20　选择第 4 组照片中的后半段，在"出场动画"面板中，选择"无"选项，禁用动画效果，如图 6-103 所示，完成对第 4 组照片动画效果的设置。

步骤 21　在第 1 张照片的开始位置新建一个文本，在"花字"选项卡中禁用花字样式后，在"字体"选项卡中，❶输入第 1 句广告文案；❷选择一个合适的字体；❸调整文本的位置和大小，使文字位于第 1 张照片的下方，如图 6-104 所示。

步骤 22　点击✓按钮返回，❶调整文本的结束位置至与第 2 张照片的开始位置一致；❷拖曳时间轴至文本的开始位置；❸点击◇按钮，如图 6-105 所示，为文本添加一个关键帧。

步骤 23　❶拖曳时间轴至照片放大后停住的位置；❷调整文本的位置和大小；❸文本上会自动添加第 2 个关键帧，使文字跟随照片逐渐变大；❹点击"复制"按钮，如图 6-106 所示。

步骤 24　❶复制并粘贴文本，拖曳粘贴后的文本至第 1 张照片结束的位置；❷点击◇按钮删除关键帧，如图 6-107 所示。

图6-102

图6-103

图6-104

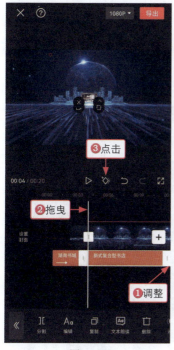
图6-105

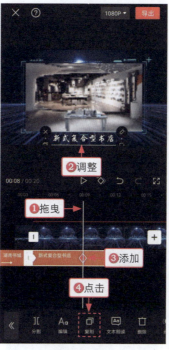
图6-106

图6-107

步骤 25 删除关键帧后，❶调整文本的结束位置至与第3组照片的开始位置一致；❷点击"编辑"按钮，如图6-108所示。

步骤 26 修改文本内容为第2句广告文案，如图6-109所示。

步骤 27 使用复制并粘贴的方法，在分别与第3组照片和第4组照片对应的位置添加两个广告文本并修改文本内容，如图6-110所示。

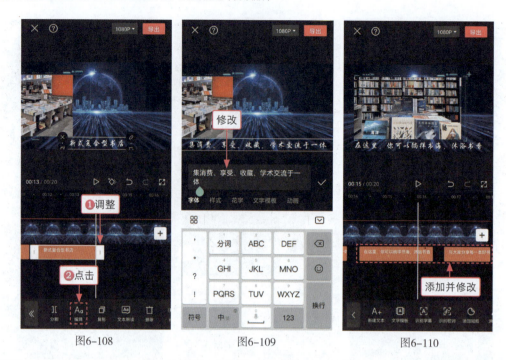

图6-108　　　　　　　　图6-109　　　　　　　　图6-110

步骤 28　复制制作的文本并粘贴至第4组照片结束的位置，调整文本的结束位置至与视频的结束位置一致，点击"编辑"按钮，❶修改文本内容为结束语；❷调整文本的位置和大小，如图6-111所示。

步骤 29　在"动画"选项卡中，❶选择"收拢"入场动画；❷设置动画时长为1.0s，如图6-112所示。

步骤 30　拖曳时间轴至最后一个文本的开始位置，点击"特效"｜"画面特效"按钮，在"氛围"选项卡中，选择"星火"特效，如图6-113所示。点击 ✓ 按钮返回，即可添加"星火"特效，调整"星火"特效的结束位置至与视频的结束位置一致，完成对书店广告短片的制作。

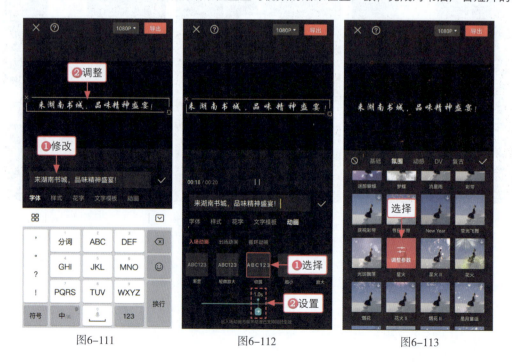

图6-111　　　　　　　　图6-112　　　　　　　　图6-113

6.3 健身广告：《阳光健身房》

效果展示　本节将为大家介绍健身行业广告宣传短片的制作方法。一方面，健身行业的受众包括健身新手、在校大学生、白领人群、健身达人等，在制作宣传短片时，最好能针对不同的受众群体，选用不同健身器材和健身项目进行展示，给予受众群体不同的选择；另一方面，颈椎病、肩周炎、腰椎病等病症，是白领人群身上常见的病症，健身既是锻炼身体的有效手段，又是维护健康的绝佳方案，因此在添加宣传文本时，可以偏重健康运动、科学运动方向。从这两个方面着手制作宣传短片，能够更有效地吸引到与此相关的群体。《阳光健身房》广告效果如图6-114至图6-121所示。

图6-114

图6-115

图6-116

图6-117

图6-118

图6-119

图6-120

图6-121

1. 用剪映电脑版制作

剪映电脑版的操作方法如下。

步骤 01　在剪映电脑版中，导入一个背景音乐视频和 7 张健身房照片素材，如图 6-122 所示。

步骤 02　❶将背景音乐视频添加到视频轨道中；❷在背景音乐视频上单击鼠标右键，弹出快捷菜单，选择"分离音频"选项，如图 6-123 所示。

图6-122

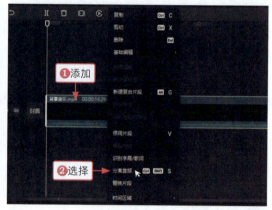
图6-123

步骤 03　❶选择分离后的背景音乐；❷拖曳时间指示器至音乐鼓点的位置；❸单击"手动踩点"按钮 ，如图 6-124 所示。

步骤 04　执行上述操作后，即可在音乐鼓点的位置添加一个黄色的节拍点，如图 6-125 所示。

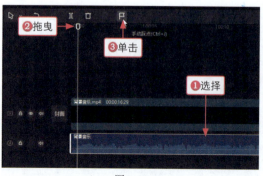
图6-124

图6-125

步骤 05　用与上述方法同样的方法，在背景音乐中的其他鼓点位置添加 8 个节拍点，如图 6-126 所示。

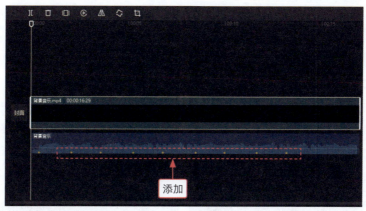

图6-126

步骤 06　拖曳背景音乐视频右侧的白色拉杆，调整其结束位置至与第 2 个节拍点的位置一致，如图 6-127 所示。

步骤 07　❶将第 1 张照片添加到视频轨道中；❷调整其结束位置至与第 3 个节拍点的位置一致，如图 6-128 所示。

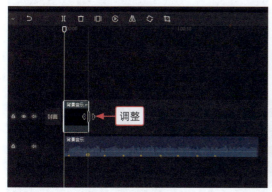

图6-127

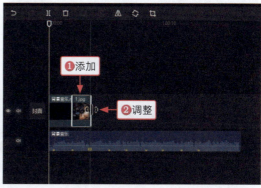

图6-128

步骤 08　用与上述方法同样的方法，将其他 6 张照片添加到视频轨道中，并分别调整照片结束位置至与各个节拍点的位置一致，如图 6-129 所示。

步骤 09　选择照片素材，在"动画"操作区的"入场"选项卡中，选择"动感缩小"动画，如图 6-130 所示，为 7 张照片分别添加入场动画效果。

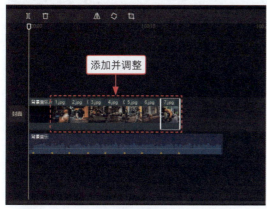

图6-129

图6-130

步骤 10　在"文本"功能区的"文字模板"|"运动"选项卡中,找到一个适合做片头名称的文字模板,单击其中的"添加到轨道"按钮,如图6-131所示。

步骤 11　在视频开始位置添加文本,调整文本时长至与视频时长一致后,在"文本"操作区中,修改文本内容为"阳光健身房"(可根据需要修改字体),如图6-132所示。

步骤 12　用与上述方法同样的方法,在"文本"功能区的"文字模板"|"运动"选项卡中,找到适合做广告文案动画的文字模板,将其分别添加到与照片对应的位置,修改文本内容为对应的广告文案,修改后的轨道效果如图6-133所示。随后,在照片画面中,调整每个文本的位置。

图6-131

图6-132

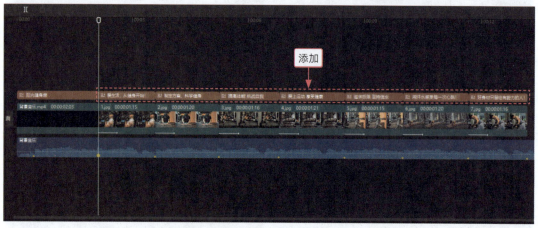
图6-133

步骤 13　拖曳时间指示器至最后一个节拍点的位置,在"文本"功能区的"文字模板"|"字幕"选项卡中,找到一个合适的文字模板,单击其中的"添加到轨道"按钮,如图6-134所示。

步骤 14　❶在"文本"操作区中修改文本内容;❷在"播放器"面板中调整文本的大小和位置,如图6-135所示。

• 第 6 章 • 宣传：商务广告短片制作

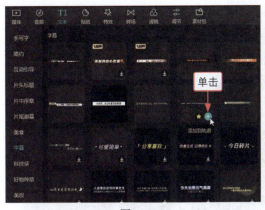

图6-134

图6-135

2. 用剪映手机版制作

剪映手机版的操作方法如下。

步骤 01　在剪映手机版中，导入一个背景音乐视频和 7 张健身房照片素材，如图 6-136 所示。

步骤 02　❶选择背景音乐视频；❷点击"音频分离"按钮，如图 6-137 所示。

步骤 03　❶选择分离后的背景音乐；❷点击"踩点"按钮，如图 6-138 所示。

图6-136

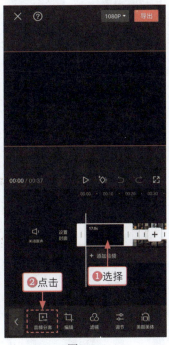

图6-137

图6-138

步骤 04　进入"踩点"面板，❶拖曳时间轴至音乐鼓点的位置；❷点击"添加点"按钮，如图 6-139 所示。

步骤 05　执行上述操作后，即可在音乐鼓点的位置添加一个黄色的节拍点，如图 6-140 所示。

步骤 06　用与上述方法同样的方法，在背景音乐中的其他鼓点位置添加 8 个节拍点，如图 6-141 所示。

步骤 07　点击✓按钮返回，拖曳背景音乐视频右侧的白色拉杆，调整其结束位置至与第 2 个节拍点的位置一致，如图 6-142 所示。

151

步骤 08　用与上述方法同样的方法，分别调整后面 7 张照片的时长，使各张照片的结束位置分别与各个节拍点对应，如图 6-143 所示。

步骤 09　❶选择照片素材，点击"动画"|"入场动画"按钮（图中无指示，读者可自行操作）；❷在"入场动画"面板中选择"动感缩小"动画，如图 6-144 所示，为 7 张照片分别添加入场动画效果。

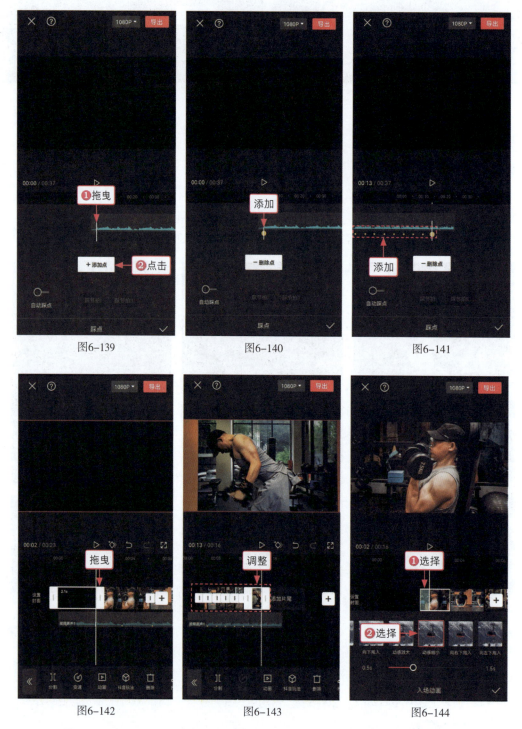

图6-139　　　　　图6-140　　　　　图6-141

图6-142　　　　　图6-143　　　　　图6-144

步骤 10　❶拖曳时间轴至视频开始位置；❷点击"文字"|"文字模板"按钮，如图 6-145 所示。

步骤 11 在"文字模板"|"运动"选项卡中，❶选择一个适合做片头名称的文字模板；❷修改文本内容为"阳光健身房"（此处可以根据需要修改字体，也可以不修改），如图6-146所示。执行操作后，返回，调整文本的时长至与视频的时长一致。

步骤 12 用与上述方法同样的方法，在"文字模板"|"运动"选项卡中，找到适合做广告文案动画的文字模板，添加并修改文本内容、调整文本位置，制作与照片对应的广告文案，效果如图6-147所示。

图6-145

图6-146

图6-147

步骤 13 ❶拖曳时间轴至最后一个节拍点的位置；❷点击"文字模板"按钮，如图6-148所示。

步骤 14 在"文字模板"|"字幕"选项卡中，❶选择一个合适的文字模板；❷修改文本内容；❸调整文本的大小和位置，如图6-149所示。执行操作后，点击 ✓ 按钮返回，调整文本的结束位置至与背景音乐的结束位置一致。

图6-148

图6-149

153

课后实训：企业宣传短片

效果展示 随着视频传媒的发展，企业宣传短片开始频繁出现，下面将为大家介绍科技感企业宣传短片的制作。《君睿科技》企业宣传短片效果如图6-150至图6-153所示。

图6-150

图6-151

图6-152

图6-153

制作科技感企业宣传短片需要准备一个科技感背景素材，大家可以在剪映的素材库中搜索"科技感"，在搜索出的科技感素材中，找到满意的背景视频。

本案例制作步骤如下。

将背景视频添加到视频轨道中后，添加一个默认文本，调整其时长至与第1个画面的时长一致，在"文本"操作区中，❶输入第1句宣传文案；❷设置一个合适的字体；❸选择一个预设样式；❹在"播放器"面板中调整文本的位置和大小，如图6-154所示。

在"动画"操作区的"入场"选项卡中，❶选择"放大"动画；❷设置"动画时长"参数为1.0s，如图6-155所示。

复制制作的文本，分别粘贴至其他画面对应的位置并修改文本内容，为第2个文本添加"向下飞入"入场动画、为第3个文本添加"轻微放大"入场动画、为第4个文本添加"缩小"入场动画、为第5个文本添加"逐字显影"入场动画，执行操作后，分别设置"动画时长"参数为0.5s，轨道效果如图6-156所示。

图6-154

图6-155

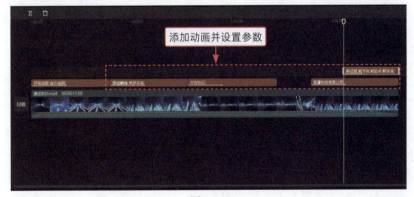

图6-156

第 7 章　推广：品牌广告短片制作

在人们的生活中，广告越来越常见，其中，品牌广告是占比很大的一类广告。品牌广告短片主要用于向消费者介绍产品或品牌，吸引消费者的注意力，让其熟悉品牌，促使其购买品牌广告短片中介绍的产品或服务，从而提高销量和品牌知名度。本章主要介绍影楼广告、汽车广告、旅游广告、面包广告等品牌广告的制作方法。

7.1 影楼广告：《拾光写真馆》

效果展示 过去，很多影楼为了宣传品牌，会在征得客户同意后，将客户的照片摆放在橱窗中，供其他客户参考和选样。随着短视频时代的来临，宣传品牌已经不仅仅局限于在橱窗中摆照片了，通过后期剪辑，可以将照片和广告宣传语结合起来，制作成影楼广告宣传短片，放在视频平台、电视栏目中播放宣传，给影楼带来更多的流量和口碑，让品牌走进大众视野，被更多人所熟知。《拾光写真馆》广告效果如图 7-1 至图 7-10 所示。

图7-1

图7-2

图7-3

图7-4

图7-5

图7-6

图7-7

图7-8

图7-9

图7-10

1. 用剪映电脑版制作

剪映电脑版的操作方法如下。

步骤 01　在剪映电脑版中，导入 8 张写真照片素材和一个背景音乐视频，如图 7-11 所示。

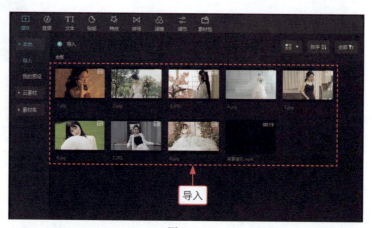
图7-11

步骤 02　将第 1 张照片添加到视频轨道中，并调整时长为 00:00:02:00，如图 7-12 所示。

步骤 03　在"动画"操作区的"入场"选项卡中，❶选择"动感缩小"动画；❷设置"动画时长"参数为 1.0s，如图 7-13 所示。

步骤 04　在"特效"功能区的"边框"选项卡中，单击"录制边框Ⅲ"特效中的"添加到轨道"按钮 ➕，如图 7-14 所示。

步骤 05　为照片添加特效后，❶调整特效时长为 1s；❷拖曳时间指示器至 00:00:00:20 的位置，如图 7-15 所示。

• 第 7 章 • 推广：品牌广告短片制作

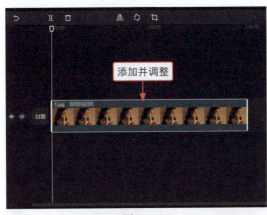

图7-12

图7-13

图7-14

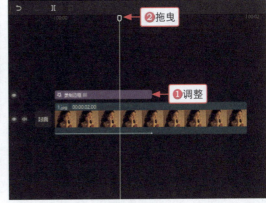

图7-15

步骤 06　在"音频"功能区的"音效素材"|"机械"选项卡中，单击"拍照声1"音效中的"添加到轨道"按钮 ⊕，如图7-16所示。

步骤 07　执行上述操作后，即可添加拍照音效，如图7-17所示。

图7-16

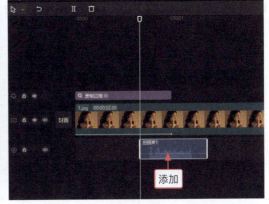

图7-17

步骤 08　在特效的结束位置添加一个默认文本，调整文本的结束位置至与照片的结束位置一致，如图7-18所示。

步骤 09　在"文本"操作区中，❶输入第1句广告文案；❷设置一个合适的字体；❸选择一个预设样式，如图7-19所示。

159

步骤 10　❶在"排列"选项区中设置"字间距"参数为 5；❷在"播放器"面板中调整文本的位置和大小，如图 7-20 所示。执行操作后，即可完成对第 1 组画面的制作。

步骤 11　❶按住【Ctrl】键的同时选择音效、照片、特效、文本，按【Ctrl + C】组合键复制第 1 组画面；❷将时间指示器拖曳至第 1 组画面的结束位置；❸按【Ctrl + V】组合键将第 1 组画面粘贴在时间指示器的位置，如图 7-21 所示。

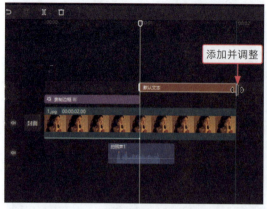

图7-18

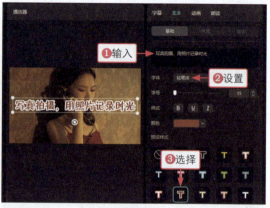

图7-19

图7-20

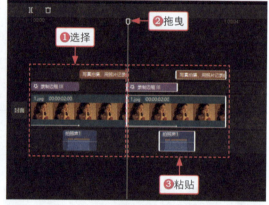

图7-21

步骤 12　在"媒体"功能区中选择第 2 张照片，拖曳至粘贴后的照片上，如图 7-22 所示。

步骤 13　释放鼠标左键，弹出"替换"对话框，单击"替换片段"按钮，如图 7-23 所示。

步骤 14　选择第 2 个文本，在"文本"操作区中，修改广告内容，如图 7-24 所示。

步骤 15　用与上述方法同样的方法，制作第 3 组画面，❶修改文本内容；❷设置一个合适的字体；❸设置"字间距"参数为 0；❹调整文本的位置和大小，如图 7-25 所示。

步骤 16　执行上述操作后，在"动画"操作区的"入场"选项卡中，选择"逐字显影"动画，如图 7-26 所示。

步骤 17　用与上述方法同样的方法，制作其他几组画面，修改文本内容和时长，并根据画面调整文本的位置和大小，如图 7-27 所示。

步骤 18　选择最后一组画面中的文本，在"动画"操作区的"入场"选项卡中，❶选择"逐字显影"动画；❷设置"动画时长"参数为 1.0s，如图 7-28 所示。

步骤 19　将背景音乐视频添加至画中画轨道中后，将视频中的背景音乐分离至音频轨道中，随后删除视频，完成对背景音乐的添加，如图7-29所示。

步骤 20　在最后一组画面的结束位置添加一个默认文本，在"文本"操作区中，❶输入影楼名称；❷设置一个合适的字体；❸在"播放器"面板中调整文本的位置和大小，如图7-30所示。

步骤 21　执行上述操作后，在第2条字幕轨道中添加一个默认文本，在"文本"操作区中，❶输入拼音；❷设置一个合适的字体；❸在"播放器"面板中调整文本的位置和大小，使其位于影楼名称的下方，如图7-31所示。

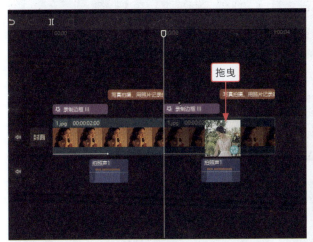

图7-22

图7-23

图7-24

图7-25

图7-26

图7-27

图7-28

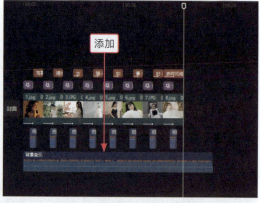

图7-29

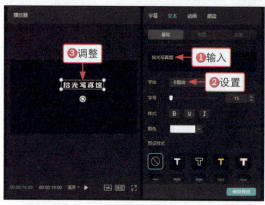

图7-30

图7-31

步骤 22　复制拼音文本，粘贴在第3条字幕轨道中，❶在"文本"操作区中修改文本内容为影楼广告标语；❷在"播放器"面板中调整文本的位置和大小，如图7-32所示。

步骤 23　在"贴纸"功能区的"线条风"选项卡中，找到一个拍摄贴纸，单击其中的"添加到轨道"按钮，如图7-33所示。

图7-32

图7-33

步骤 24　执行上述操作后，即可将贴纸添加至轨道中，如图7-34所示。

步骤 25　在"播放器"面板中，调整贴纸的位置和大小，如图7-35所示，完成对影楼广告短片的制作。

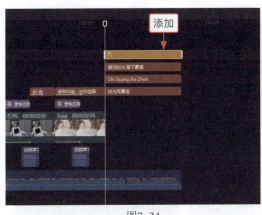

图7-34

图7-35

2. 用剪映手机版制作

剪映手机版的操作方法如下。

步骤 01 在剪映手机版中，导入 1 张写真照片素材，❶调整时长为 2.0s；❷点击"动画"按钮，如图 7-36 所示。

步骤 02 点击"入场动画"按钮，在"入场动画"面板中，❶选择"动感缩小"动画；❷设置动画时长为 1.0s，如图 7-37 所示。

步骤 03 返回，点击"特效"|"画面特效"按钮，如图 7-38 所示。

图7-36

图7-37

图7-38

步骤 04 在"边框"选项卡中，选择"录制边框Ⅲ"特效，如图 7-39 所示。

步骤 05 点击 ✓ 按钮返回，即可为照片添加特效。点击"作用对象"按钮，设置特效作用于全部对象后，❶返回，调整特效时长为 1s；❷拖曳时间轴至 20f 的位置，如图 7-40 所示。

步骤 06　点击"音频"|"音效"按钮，在"机械"选项卡中，点击"拍照声1"音效右侧的"使用"按钮，如图7-41所示。执行操作后，即可添加拍照音效。

图7-39　　　　　　　　　图7-40　　　　　　　　　图7-41

步骤 07　在特效的结束位置新建一个文本，❶输入第1句广告文案；❷选择一个合适的字体，如图7-42所示。

步骤 08　在"样式"选项卡中，❶选择一个预设样式；❷在"排列"选项区中设置"字间距"参数为5；❸调整文本的位置和大小，使文本位于画面下方，如图7-43所示。点击✓按钮返回，调整文本的结束位置至与照片的结束位置一致，执行操作后，即可完成对第1组画面的制作。

步骤 09　通过复制、替换、修改文本内容等操作，在第1组画面的后面制作第2组画面，如图7-44所示。

步骤 10　用与上述方法同样的方法，制作第3组画面，❶修改文本内容；❷选择一个合适的字体，如图7-45所示。

步骤 11　在"样式"选项卡中，❶设置"字间距"参数为0；❷调整文本的位置和大小，如图7-46所示。

步骤 12　执行上述操作后，在"动画"选项卡中，选择"逐字显影"入场动画，如图7-47所示。

步骤 13　用与上述方法同样的方法，制作其他几组画面，修改文本内容和时长，并根据画面调整文本的位置和大小，如图7-48所示。

步骤 14　选择最后一组画面中的文本，点击"动画"按钮，在"动画"|"入场动画"选项卡中，设置动画时长为1.0s，如图7-49所示。

步骤 15　在音频轨道中，添加一段背景音乐，如图7-50所示。

步骤 16　在最后一组画面的结束位置新建一个文本，❶输入影楼名称；❷选择一个合适的字体；❸调整文本的位置和大小，如图 7-51 所示。

步骤 17　执行上述操作后，在第 2 条字幕轨道中新建一个文本，❶输入拼音；❷选择一个合适的字体；❸调整文本的位置和大小，使其位于影楼名称的下方，如图 7-52 所示。

步骤 18　复制拼音文本并粘贴在第 3 条字幕轨道中，❶修改文本内容为影楼广告标语；❷调整文本的位置和大小，如图 7-53 所示。

图7-42

图7-43

图7-44

图7-45

图7-46

图7-47

图7-48　　　　　　　　　图7-49　　　　　　　　　图7-50

图7-51　　　　　　　　　图7-52　　　　　　　　　图7-53

步骤 19　执行上述操作后，返回，点击"添加贴纸"按钮，如图7-54所示。

步骤 20　❶在"线条风"选项卡中选择一个拍摄贴纸；❷调整贴纸的位置和大小，如图7-55所示，完成对影楼广告短片的制作。

图7-54

图7-55

7.2 汽车广告：《驰风汽车》

效果展示 汽车广告主要用于向消费者宣传汽车的优点、特点、产品质量等。制作汽车广告短片，可以多选用一些体现汽车局部特点的视频，例如车灯视频、轮胎视频、后视镜视频等，加上转场效果和广告文本，加深消费者对汽车品牌的印象。《驰风汽车》广告效果如图7-56至图7-63所示。

图7-56

图7-57

图7-58

图7-59

图7-60

图7-61

图7-62

图7-63

1. 用剪映电脑版制作

剪映电脑版的操作方法如下。

步骤 01　在剪映电脑版中，导入12段汽车视频素材、一段片尾视频素材和一个背景音乐视频，如图7-64所示。

步骤 02　❶分离音频，将背景音乐添加到音频轨道中；❷将汽车视频依次添加到视频轨道中，如图7-65所示。

图7-64

步骤 03　拖曳时间指示器至第2个视频和第3个视频之间，在"转场"功能区的"叠化"选项卡中，单击"闪黑"转场效果中的"添加到轨道"按钮，如图7-66所示。

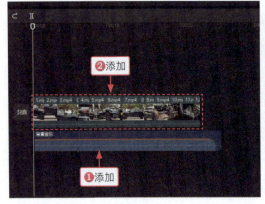
图7-65

图7-66

步骤 04 执行上述操作后，即可将转场效果添加到第 2 个视频和第 3 个视频之间，拖曳转场效果右侧的白色拉杆，将时长调整为最长，如图 7-67 所示。

步骤 05 用与上述方法同样的方法，在第 3 个视频和第 4 个视频之间、第 5 个视频和第 6 个视频之间、第 6 个视频和第 7 个视频之间、第 11 个视频和第 12 个视频之间，分别添加一个"闪黑"转场效果并调整转场时长为最长，如图 7-68 所示。

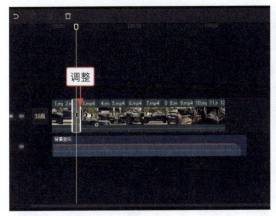
图7-67

图7-68

转场时长是受限制的，如果前后两个视频的时长都比较长，那么转场时长也能调得比较长；反之，如果前后两个视频的时长较短，那么转场时长可调控的阈值空间较少。因此，图 7-68 中显示的转场虽然都调整到了最长的长度，但每个转场时长是不均等的。

步骤 06 选择第 1 个视频，在"动画"操作区的"入场"选项卡中，❶选择"渐显"动画；❷设置"动画时长"参数为 0.3s，如图 7-69 所示。用与上述方法同样的方法，分别为第 2 个视频、第 5 个视频、第 9 个视频、第 10 个视频以及第 11 个视频添加"渐显"入场动画，并分别设置"动画时长"参数为 0.5s、0.5s、1.0s、0.7s、0.5s。

步骤 07 选择第 7 个视频，在"动画"操作区的"出场"选项卡中，❶选择"渐隐"动画；❷设置"动画时长"参数为 1.0s，如图 7-70 所示。

图7-69

图7-70

> **温馨提示**
>
> 在本例中，要想制作视频与视频之间的闪黑过渡效果，需要注意以下3种情况。
> ➤ 在两个视频之间，如果前一个视频的动画效果是"渐显"入场动画，那么后一个视频也要添加"渐显"入场动画。
> ➤ 在两个视频之间，如果前一个视频的前面已经添加了"闪黑"转场效果，且前一个视频的视频时长相对后一个视频而言比较长，可以为前一个视频添加"渐隐"出场动画，这样，后一个视频就可以同样添加"渐隐"出场动画或者不添加动画了。
> ➤ 在3个视频之间，如果前一个视频添加了"渐隐"出场动画，中间的视频没添加任何动画，那么后一个视频需要添加"渐显"入场动画。

步骤 08 在开始位置添加一个默认文本，并调整文本的时长至与第1个视频的时长一致，在"文本"操作区中，❶输入与第1个视频对应的广告内容；❷设置一个合适的字体；❸选择一个预设样式；❹在"播放器"面板中调整文本的位置和大小，如图7-71所示。

步骤 09 在"动画"操作区的"入场"选项卡中，选择"渐显"动画，如图7-72所示。

图7-71

图7-72

步骤 10 在"动画"操作区的"出场"选项卡中，❶选择"渐隐"动画；❷设置"动画时长"参数为0.2s，如图7-73所示。

步骤 11 在第2个视频的开始位置，复制并粘贴文本，调整第2个文本的时长至与第2个视频的时长一致，如图7-74所示。

图7-73

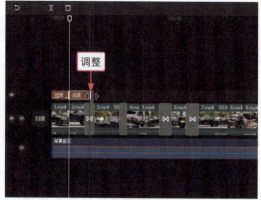
图7-74

步骤 12 ❶在"文本"操作区中修改文本内容；❷在"播放器"面板中调整文本的位置和大小，如图7-75所示。

步骤 13 在"动画"操作区中,设置入场动画和出场动画的"动画时长"参数分别为1.0s和0.2s,如图7-76所示。

图7-75

图7-76

在剪映中,为文本添加了入场动画后,再添加出场动画时,"动画时长"右侧会显示两个数值框,第1个数值框用于设置入场动画的时长,第2个数值框用于设置出场动画的时长。

步骤 14 执行上述操作后,用与上述方法同样的方法,❶分别为第3个至第11个视频制作对应的广告文本;❷分别在"动画"操作区中设置文本入场动画和出场动画的"动画时长"参数,效果分别如图7-77至图7-85所示。

图7-77

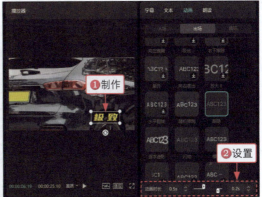

图7-78

图7-79

图7-80

图7-81　　　　　　　　　　　　　图7-82

 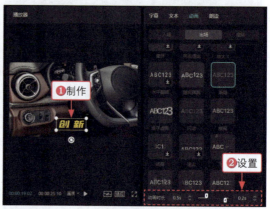

图7-83　　　　　　　　　　　　　图7-84

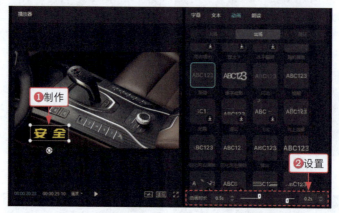

图7-85

步骤 15　在"媒体"功能区中,用拖曳的方式,将片尾视频添加到第12个视频的后面,如图7-86所示。

步骤 16　拖曳时间指示器至片尾视频的开始位置,在"文本"功能区的"花字"|"热门"选项卡中,找到一个跟片尾视频中粒子颜色相近的金色花字,单击其中的"添加到轨道"按钮 ➕,如图7-87所示。

步骤 17　添加花字文本后,在"文本"操作区中,❶输入汽车品牌名称;❷设置一个合适的字体;❸在"播放器"面板中调整文本的大小和位置,如图7-88所示。

步骤 18　在"排列"选项区中,设置"字间距"参数为3,如图7-89所示。

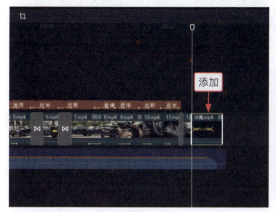
图7-86

图7-87

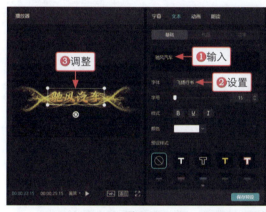
图7-88

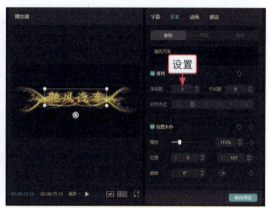
图7-89

步骤 19　❶复制制作的品牌名称文本;❷粘贴至23s的位置并调整文本时长,如图7-90所示。

步骤 20　❶在"文本"操作区中修改文本内容为宣传标语;❷在"播放器"面板中调整宣传标语的位置和大小,使其位于汽车品牌名称下方,如图7-91所示。

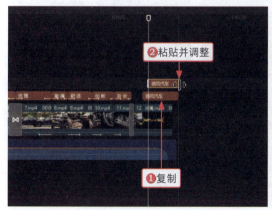
图7-90

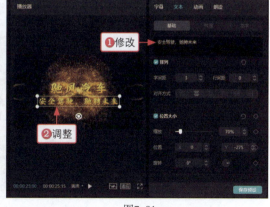
图7-91

步骤 21　在"花字"选项卡中,选择禁用图标 ,如图7-92所示,将文本颜色恢复成白色。

步骤 22　在"动画"操作区的"入场"选项卡中,❶选择"逐字显影"动画;❷设置"动画时长"参数为1.0s,如图7-93所示。至此,完成对汽车广告短片的制作。

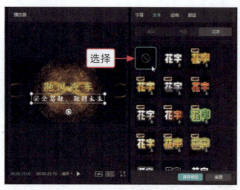

图7-92

图7-93

2. 用剪映手机版制作

剪映手机版的操作方法如下。

步骤 01 在剪映手机版中，导入12段汽车视频素材、一段片尾视频素材和一个背景音乐素材，如图7-94所示。

步骤 02 点击第2个视频和第3个视频之间的转场按钮 Ⅰ ，进入"转场"面板，在"叠化"选项卡中，❶选择"闪黑"转场效果；❷拖曳滑块至最右端，调整转场时长为最长，如图7-95所示。用与上述方法同样的方法，在第3个视频和第4个视频之间、第5个视频和第6个视频之间、第6个视频和第7个视频之间、第11个视频和第12个视频之间，分别添加一个"闪黑"转场效果并调整转场时长为最长。

步骤 03 ❶选择第1个视频；❷点击"动画"|"入场动画"按钮，如图7-96所示。

图7-94　　　　　　图7-95　　　　　　图7-96

步骤 04 在"入场动画"面板中，❶选择"渐显"动画；❷设置动画时长为0.3s，如图7-97所示。用与上述方法同样的方法，分别为第2个视频、第5个视频、第9个视频、第10个视频、第11个视频添加"渐显"入场动画，并分别设置动画时长为0.5s、0.5s、1.0s、0.7s、0.5s。

步骤 05 ❶选择第 7 个视频；❷点击"出场动画"按钮，如图 7-98 所示。

步骤 06 在"出场动画"面板中，❶选择"渐隐"动画；❷设置动画时长参数为 1.0s，如图 7-99 所示。

图7-97

图7-98

图7-99

步骤 07 在视频开始位置新建一个文本，❶输入与第 1 个视频对应的广告内容；❷选择一个合适的字体，如图 7-100 所示。

步骤 08 ❶在"样式"选项卡中选择一个预设样式；❷调整文本的位置和大小，如图 7-101 所示。

步骤 09 在"动画"选项卡中，选择"渐显"入场动画，如图 7-102 所示。

步骤 10 在"出场动画"选项区中，❶选择"渐隐"动画；❷设置动画时长为 0.2s，如图 7-103 所示。返回，调整文本的时长至与第 1 个视频的时长一致。

步骤 11 复制制作的文本并粘贴至第 2 个视频的开始位置，调整第 2 个文本的时长至与第 2 个视频的时长一致，如图 7-104 所示。

步骤 12 点击"编辑"按钮，❶修改文本内容；❷调整文本的位置和大小；❸在"动画"选项卡中，设置

图7-100

入场动画时长和出场动画时长分别为 1.0s 和 0.2s，如图 7-105 所示。执行上述操作后，用与上述方法同样的方法，分别为第 3 个至第 11 个视频制作对应的广告文本，并设置第 3 个文本的动画时长为入场 1.0s 和出场 0.2s、第 4 个文本的动画时长为入场 0.5s 和出场 0.2s、第 5 个文本至第 7 个文本的动画时长均为入场 0.5s 和出场 0.5s、第 8 个文本至第 11 个文

本的动画时长均为入场 0.5s 和出场 0.2s。

步骤 13　执行上述操作后，❶拖曳时间轴至片尾视频的开始位置；❷点击"新建文本"按钮，如图 7-106 所示。

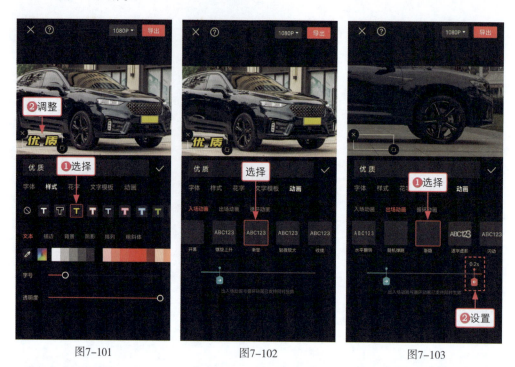

图7-101　　　　　　　图7-102　　　　　　　图7-103

图7-104　　　　　　　图7-105　　　　　　　图7-106

步骤 14　❶输入汽车品牌名称；❷选择一个合适的字体；❸调整文本的大小和位置，如图 7-107 所示。

步骤 15　在"花字"｜"热门"选项卡中，选择一个跟片尾视频中粒子颜色相近的金色花字，如图 7-108 所示。

步骤 16　在"样式"|"排列"选项区中,设置"字间距"参数为 3,如图 7-109 所示。

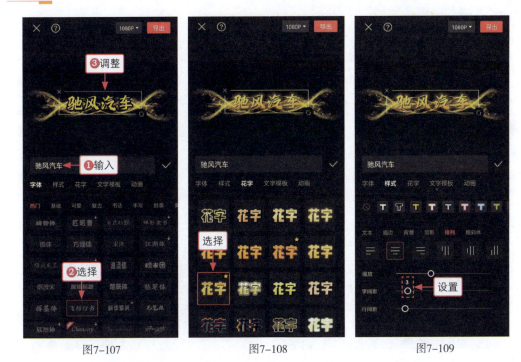

图7-107　　　　　　图7-108　　　　　　图7-109

步骤 17　复制并粘贴制作的品牌名称文本,❶调整粘贴后文本的开始位置至 23s 处;❷点击"编辑"按钮,如图 7-110 所示。

步骤 18　❶修改文本内容为宣传标语;❷调整宣传标语的位置和大小,使其位于汽车品牌名称的下方;❸在"花字"选项卡中选择禁用图标 ⊘,将文本颜色恢复成白色,如图 7-111 所示。

步骤 19　在"动画"选项卡中,❶选择"逐字显影"入场动画;❷设置动画时长为 1.0s,如图 7-112 所示。至此,完成对汽车广告短片的制作。

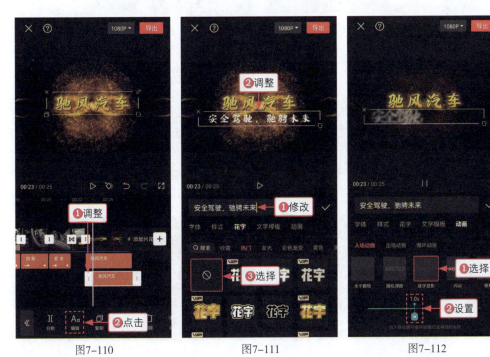

图7-110　　　　　　图7-111　　　　　　图7-112

7.3 旅游广告:《顾景旅行社》

效果展示 旅游广告主要用于展现旅游地点的风景,向消费者宣传旅行社与旅游地点的优点和特点。制作旅游广告短片,可以多选用一些美丽的风景视频和一些著名景点的照片、视频等,通过后期调整、添加转场效果和广告文本,加深消费者对旅游地点和旅行社的了解。《顾景旅行社》广告效果如图7-113至图7-120所示。

图7-113

图7-114

图7-115

图7-116

图7-117

图7-118

图7-119

图7-120

1. 用剪映电脑版制作

剪映电脑版的操作方法如下。

步骤 01 在剪映电脑版中，导入 7 个景点视频素材，如图 7-121 所示。

步骤 02 将 7 个视频添加至视频轨道中，如图 7-122 所示。

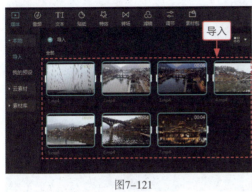

图7-121

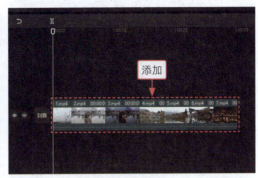

图7-122

步骤 03 拖曳时间指示器至第 1 个和第 2 个视频之间，在"转场"功能区的"叠化"选项卡中，单击"云朵"转场效果中的"添加到轨道"按钮 ⊕，如图 7-123 所示。

步骤 04 执行上述操作后，即可添加"云朵"转场效果，如图 7-124 所示。

图7-123

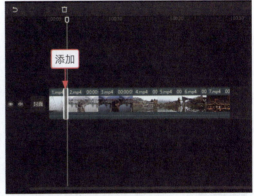

图7-124

步骤 05 在"转场"操作区中，单击"应用全部"按钮，如图 7-125 所示。

步骤 06 执行上述操作后，即可在所有视频之间添加"云朵"转场效果，如图 7-126 所示。

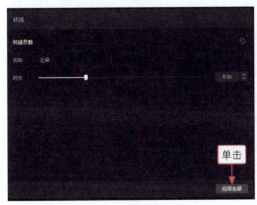

图7-125

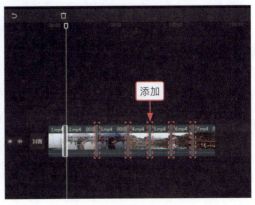

图7-126

步骤 07　在"音频"功能区中，❶搜索"烟袋斜街"；❷在搜索结果中找到一首合适的音乐并单击其中的"添加到轨道"按钮 ⊕，如图7-127所示。

步骤 08　执行上述操作后，❶即可添加背景音乐；❷拖曳时间指示器至00:00:08:12的位置；❸单击"分割"按钮 ∥，如图7-128所示。

图7-127

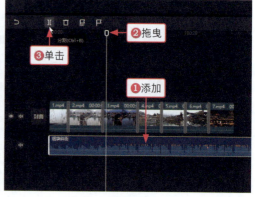
图7-128

步骤 09　执行上述操作后，即可将音乐的前奏分割出来，❶选择分割后的前半段音乐；❷单击"删除"按钮 ⌷，如图7-129所示，将不需要的前奏删除。

步骤 10　将音乐向前拖曳至视频开始位置后，❶拖曳时间指示器至00:00:19:00的位置；❷将音乐分割成两段，如图7-130所示。执行操作后，将后半段音乐删除。

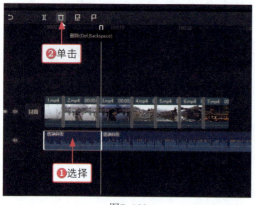
图7-129

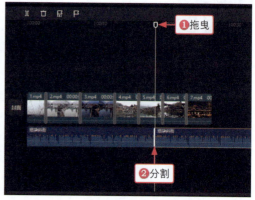
图7-130

步骤 11　选择背景音乐，在"音频"操作区中，设置"淡入时长"参数为1.5s，如图7-131所示。

步骤 12　❶选择背景音乐；❷单击"自动踩点"按钮；❸在弹出的列表框中选择"踩节拍Ⅰ"选项，如图7-132所示。

步骤 13　执行上述操作后，即可在背景音乐中添加节拍点，如图7-133所示。

步骤 14　根据节拍点的位置，调整每个视频的时长，使各个转场效果的开始位置与各个节拍点的位置对应，使最后一个视频的结束位置与倒数第2个节拍点对应，效果如图7-134所示。

步骤 15　拖曳时间指示器至视频开始位置，在"文本"功能区的"文字模板"|"旅行"选项卡中，找到"冬日旅行"文字模板并单击其中的"添加到轨道"按钮 ⊕，如图7-135所示。

步骤 16　执行上述操作后，即可添加文字模板，调整文字模板的结束位置至与转场效果的开始位置一致，效果如图7-136所示。

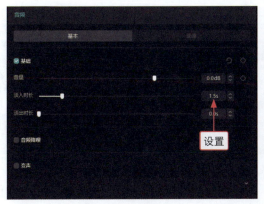

图7-131　　　　　　　　　　　　　图7-132

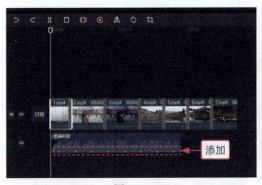
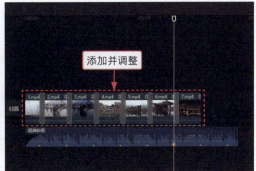

图7-133　　　　　　　　　　　　　图7-134

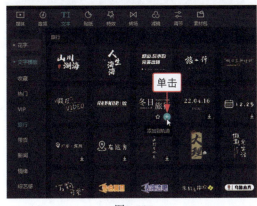

图7-135　　　　　　　　　　　　　图7-136

步骤 17　在"文本"操作区中，修改文本内容（注意，第 2 段文本中，每两个字中间空一格，最后一个字后面空两格，这样可以调整文本的水平位置，使之更美观），如图 7-137 所示。

步骤 18　❶单击第 1 段文本右侧的 ■ 按钮，展开面板（展开后原按钮变为 ■ ）；❷设置一个合适的字体；❸选择一个预设样式，如图 7-138 所示。执行操作后，用与上述方法同样的方法，设置第 3 段文本的字体和样式。

步骤 19　用与上述方法同样的方法展开第 2 段文本的面板，设置字体的颜色，如图 7-139 所示。执行操作后，用与上述方法同样的方法，设置第 4 段文本的字体颜色。

步骤 20　在"文本"功能区的"文字模板"|"任务清单"选项卡中，选择 5 个合适的文字模板，如图 7-140 所示。

图7-137　　　　　　　　　　　　　图7-138

图7-139　　　　　　　　　　　　　图7-140

步骤 21　将选择的文字模板分别添加在每两个转场效果的中间，并分别调整文字模板时长，随后，❶在"文本"操作区中修改文本内容；❷在"播放器"面板中调整文本的位置和大小，效果分别如图 7-141 至图 7-145 所示。

步骤 22　在"文本"功能区的"文字模板"｜"字幕"选项卡中，找到一个合适的文字模板，单击其中的"添加到轨道"按钮 ➕，如图 7-146 所示。

步骤 23　将文本添加至最后一个转场效果的结束位置，调整文本的结束位置至与第 7 个视频的结束位置一致，如图 7-147 所示。

图7-141　　　　　　　　　　　　　图7-142

图7-143

图7-144

图7-145

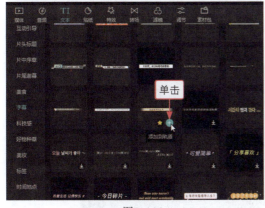

图7-146

图7-147

步骤 24　❶在"文本"操作区中修改文本内容；❷在"播放器"面板中调整文本的位置和大小，如图7-148所示。

步骤 25　展开文本设置面板，设置一个合适的字体，如图7-149所示。

图7-148

图7-149

步骤 26　在"文本"功能区的"文字模板"|"简约"选项卡中，找到"记录美好生活"文字模板，单击其中的"添加到轨道"按钮 ，如图7-150所示。

步骤 27　将文本添加至最后一个视频的结束位置，调整文本的结束位置至与音乐的结束位置一致，如图7-151所示。

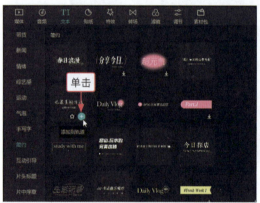
图7-150　　　　　　　　　　图7-151

步骤 28　在"文本"操作区中，修改文本内容为旅行社的名称和广告标语，如图7-152所示。

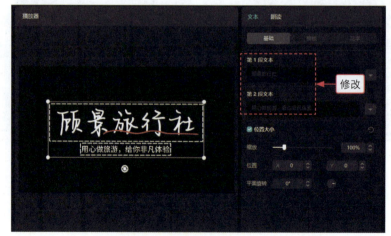
图7-152

2. 用剪映手机版制作

剪映手机版的操作方法如下。

步骤 01　在剪映手机版中，❶导入 7 个景点视频素材；❷点击第 1 个和第 2 个视频之间的│按钮，如图 7-153 所示。

步骤 02　在"叠化"选项卡中，❶选择"云朵"转场效果；❷点击"全局应用"按钮，如图 7-154 所示，在所有视频之间添加"云朵"转场效果。

步骤 03　点击"音频"│"音乐"按钮，如图 7-155 所示。

图7-153

图7-154

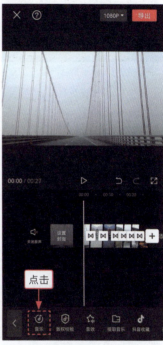
图7-155

步骤 04　在"添加音乐"界面，❶输入"烟袋斜街"；❷点击"搜索"按钮，如图 7-156 所示。

步骤 05　在搜索结果中找到一首合适的音乐，点击右侧的"使用"按钮，如图 7-157 所示。

步骤 06　执行上述操作后，即可添加背景音乐，❶拖曳时间轴至合适的位置；❷点击"分割"按钮，如图 7-158 所示。

步骤 07　执行上述操作后，即可将音乐的前奏分割出来，❶选择分割后的前半段音乐；❷点击"删除"按钮，如图 7-159 所示，将不需要的前奏删除。

步骤 08　将音乐向前拖曳至视频开始位置后，❶拖曳时间轴至 00:19 的位置；❷将音乐分割成两段；❸选择分割后的后半段音乐，点击"删除"按钮，如图 7-160 所示。

步骤 09　执行上述操作后，即可将后半段音乐删除，❶选择音乐；❷点击"踩点"按钮，如图 7-161 所示。

步骤 10　进入"踩点"面板，❶点击"自动踩点"按钮；❷选择"踩节拍Ⅰ"选项；❸生成节拍点，如图 7-162 所示。

步骤 11　执行上述操作后，点击 ✓ 按钮返回，❶选择背景音乐；❷点击"淡化"按钮，如图 7-163 所示。

步骤 12 在"淡化"面板中,设置"淡入时长"参数为1.5s,如图7-164所示,制作音乐淡入效果。

图7-156　　　　　图7-157　　　　　图7-158

用户也可以通过拖曳音乐两侧的白色拉杆的方式调整音乐时长,选取需要的音乐片段。

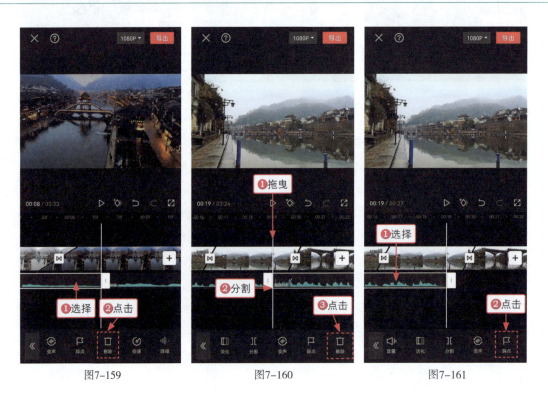

图7-159　　　　　图7-160　　　　　图7-161

· 第 7 章 · 推广：品牌广告短片制作

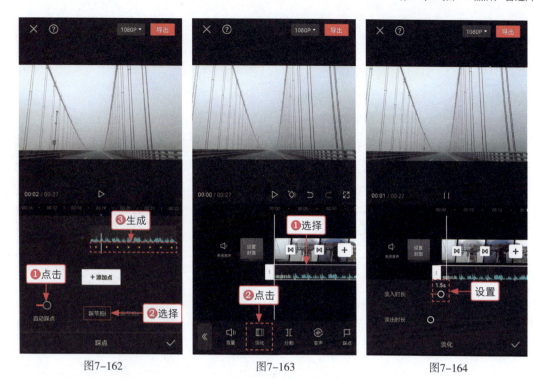

图7-162　　　　　　　　图7-163　　　　　　　　图7-164

步骤 13　根据节拍点的位置，调整每个视频的时长，使各个转场效果的开始位置与各个节拍点的位置对应，使最后一个视频的结束位置与倒数第 2 个节拍点对应，效果如图 7-165 所示。

步骤 14　拖曳时间轴至视频开始位置，点击"文字"｜"文字模板"按钮，如图 7-166 所示。

步骤 15　在"文字模板"｜"旅行"选项卡中，❶选择"冬日旅行"文字模板；❷修改文本内容；❸调整文本的位置和大小，如图 7-167 所示。

图7-165　　　　　　　　图7-166　　　　　　　　图7-167

187

步骤 16　❶点击"古镇"文字；❷在"字体"选项卡中选择一个合适的字体，如图7-168所示。用与上述方法同样的方法，设置"旅游"文字的字体。

步骤 17　❶点击"古镇"文字；❷在"样式"选项卡中选择一个预设样式，如图7-169所示。用与上述方法同样的方法，设置"旅游"文字的样式。

步骤 18　❶点击"三 天 两 夜"文字；❷在"样式"选项卡中选择一个橙色色块，如图7-170所示。用与上述方法同样的方法，设置英文文字的字体颜色。

步骤 19　❶返回，调整文本时长，使其结束位置与第1个节拍点一致；❷拖曳时间轴至第1个转场效果的结束位置；❸点击"文字模板"按钮，如图7-171所示。

图7-168

图7-169

图7-170

图7-171

步骤 20　在"文本"功能区的"文字模板"|"任务清单"选项卡中，❶选择一个合适的文字模板；❷修改文本内容；❸调整文本的位置和大小，如图7-172所示。执行操作后，返回，调整文本的结束位置至与第2个节拍点一致。

步骤 21　用与上述方法同样的方法，制作其他5个文本，效果分别如图7-173至图7-177所示。

图7-172　　　　　　　图7-173　　　　　　　图7-174

图7-175　　　　　　　图7-176　　　　　　　图7-177

步骤 22　制作第7个文本时，❶切换至"字体"选项卡；❷选择一个合适的字体，效果如图7-178所示。

步骤 23　❶返回，调整第7个文本的结束位置至与第7个视频的结束位置一致；❷拖曳时间轴至倒数第2个节拍点的位置；❸点击"文字模板"按钮，效果如图7-179所示。

步骤 24　在"文字模板"|"简约"选项卡中，❶选择"记录美好生活"文字模板；❷修改文本内容为旅行社的名称和广告标语，如图7-180所示。执行操作后，返回，调整文本的结束位置至与音乐的结束位置一致。

图7-178

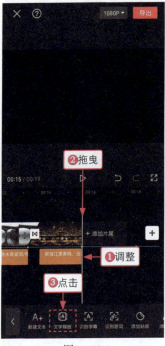
图7-179

图7-180

课后实训：面包广告短片

效果展示　有的面包松软香甜，有的面包酥脆可口，制作面包广告短片时，可以使用一些颜色靓丽、能够引起观众食欲的视频素材，并添加广告文案，展示面包的特点，吸引顾客。《悦食吐司面包》广告效果如图7-181至图7-186所示。

图7-181

图7-182

图7-183

图7-184

图7-185

图7-186

本案例制作步骤如下。

首先，❶将准备好的 4 个视频素材和背景音乐分别添加到视频、音频轨道中；❷在 1s 处添加一个默认文本，调整文本的结束位置至与第 1 个视频的结束位置一致，如图 7-187 所示。

其次，在"文本"操作区中，❶输入第 1 句广告文案；❷设置一个合适的字体；❸选择一个预设样式；❹在"播放器"面板中调整文本的位置和大小，如图 7-188 所示。

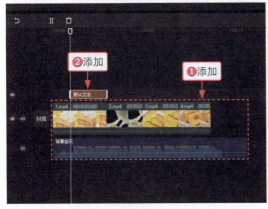
图7-187

图7-188

再次，在"动画"操作区中，❶选择"收拢"入场动画；❷设置"动画时长"参数为 1.0s，如图 7-189 所示。执行操作后，复制制作的文本，在后面 3 个视频上方粘贴，并分别调整文本的时长至与各个视频的时长一致，随后，在"文本"操作区中修改文本内容。

复次，拖曳时间指示器至最后一个视频的结束位置，在"文本"功能区的"文字模板"|"美食"选项卡中，选择一个合适的模板并单击其中的"添加到轨道"按钮，如图 7-190 所示。

 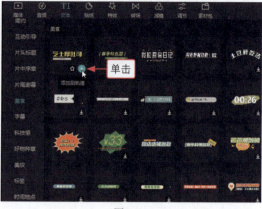

图7-189　　　　　　　　　　　　　　图7-190

最后，将文本添加至字幕轨道中，调整其结束位置至与背景音乐的结束位置一致，执行操作后，在"文本"操作区中修改文本内容，如图7-191所示。

图7-191

第 8 章　展示：
主图视频广告制作

随着电商平台的不断发展，越来越多的人养成了线上购物的消费习惯，为了提高销量，很多商家会为商品制作主图视频广告，发布在各大电商平台上，吸引消费者的注意力。精心制作的主图视频广告，不仅能获得更多消费者的关注和点击，还能有效地提高商品的曝光度和销量，因此，主图视频广告的制作方法，是商家们必须学习与掌握的。

8.1 商品种草推荐

"种草"是一个网络流行语,表示分享推荐某一优秀品质的商品,激发他人购买的欲望。如今,随着短视频带货的不断发展,种草视频也在抖音、快手、小红书等平台中流行起来。本节将为大家介绍商品种草推荐视频的制作方法。

8.1.1 突出商品卖点:《行李箱》

效果展示 每个商品都有其独特的质感和表面细节,在制作商品种草推荐视频时,可以先使用"定格"功能定格商品画面,再添加说明文字,更直观地突出商品卖点。《行李箱》视频效果如图 8-1 所示。

图8-1

图8-2

1. 用剪映电脑版制作

剪映电脑版的操作方法如下。

步骤 01 在剪映电脑版中,❶将视频添加到视频轨道中;❷拖曳时间指示器至 00:00:01:15 的位置;❸单击"定格"按钮▣,如图 8-3 所示。

步骤 02 执行上述操作后,即可生成定格片段,如图 8-4 所示。

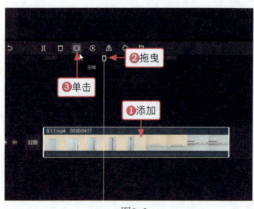

图8-3

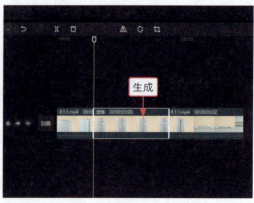

图8-4

步骤 03　用与上述方法同样的方法，❶在 00:00:06:00 的位置生成第 2 段定格片段；❷在 00:00:10:10 的位置生成第 3 段定格片段；❸选择多余的视频片段；❹单击"删除"按钮 ，如图 8-5 所示。

步骤 04　在第 1 段定格片段的开始位置添加一个默认文本，在"文本"操作区中，❶输入商品卖点；❷设置一个合适的字体；❸选择一个预设样式；❹在"播放器"面板中调整文本的位置和大小，如图 8-6 所示。

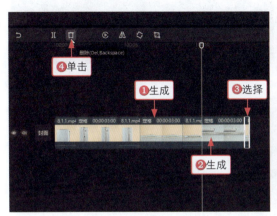
图8-5

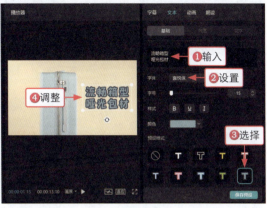
图8-6

步骤 05　在"动画"操作区中，❶选择"弹入"入场动画；❷设置"动画时长"参数为 1.0s，如图 8-7 所示。

步骤 06　执行上述操作后，调整定格片段和文本的时长均为 2s，如图 8-8 所示。

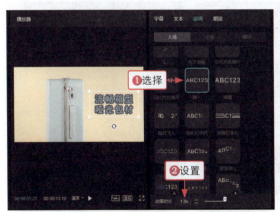
图8-7

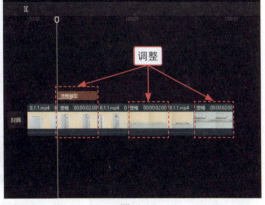
图8-8

　调整定格片段的时长时，单击时间线面板右上角的"打开联动"按钮 ，文本的时长会跟随定格片段的时长自动调整。

步骤 07　复制文本并粘贴在其他两段定格片段的上方，❶在"文本"操作区中修改文本内容；❷在"播放器"面板中调整文本的位置和大小，效果分别如图 8-9 和图 8-10 所示。执行操作后，为视频添加一段背景音乐，完成对效果的制作。

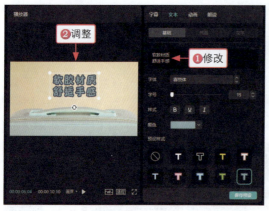
图8-9

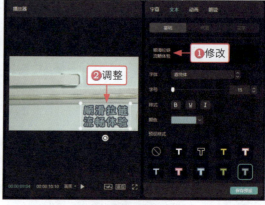
图8-10

2. 用剪映手机版制作

剪映手机版的操作方法如下。

步骤 01　在剪映手机版中，❶选择导入的视频素材；❷拖曳时间轴至 1s15f 的位置；❸点击"定格"按钮，如图 8-11 所示，即可生成定格片段。用与上述方法同样的方法，在 6s 的位置生成第 2 段定格片段，在 10s10f 的位置生成第 3 段定格片段。

步骤 02　❶选择多余的视频片段；❷点击"删除"按钮，如图 8-12 所示。

步骤 03　在第 1 段定格片段的开始位置，新建一个文本，❶输入商品卖点；❷选择一个合适的字体，如图 8-13 所示。

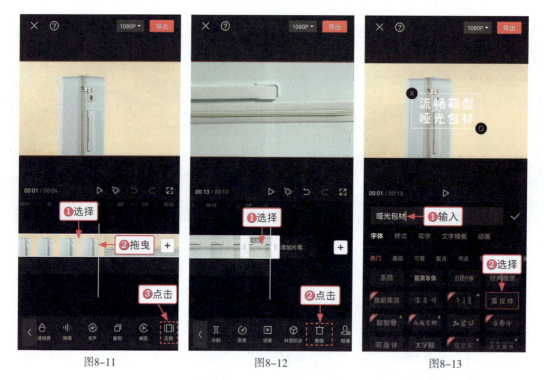

图8-11　　　　　　　图8-12　　　　　　　图8-13

步骤 04　在"样式"选项卡中，❶选择一个预设样式；❷调整文本的位置和大小，如图 8-14 所示。

步骤 05　在"动画"选项卡中，❶选择"弹入"入场动画；❷设置动画时长为 1.0s，如图 8-15 所示。

步骤 06 执行上述操作后，调整定格片段和文本的时长均为 2.0s，如图 8-16 所示。

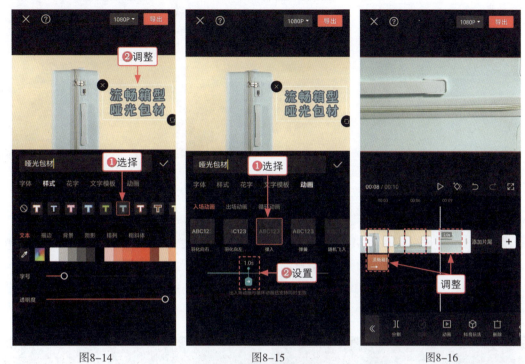

图8-14　　　　　图8-15　　　　　图8-16

步骤 07 ❶复制文本并粘贴至其他两段定格片段的位置；❷修改文本内容并调整文本的位置和大小，效果分别如图 8-17 和图 8-18 所示。执行操作后，为视频添加一段背景音乐，完成对效果的制作。

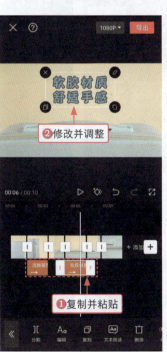 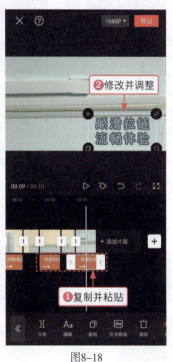

图8-17　　　　　图8-18

8.1.2 添加电商贴纸：《拖鞋》

效果展示 剪映有一个丰富多样的贴纸素材库，在其中搜索电商关键词，如好物、特价、活动、优

惠券等,即可得到很多相关贴纸,
选择需要的电商贴纸添加到视频
中,可以增加视频的趣味性,提
高消费者的购买欲。《拖鞋》视
频效果如图8-19和图8-20所示。

图8-19

图8-20

1. 用剪映电脑版制作

剪映电脑版的操作方法如下。

步骤 01　在剪映电脑版中,将视频添加到视频轨道中后,在"贴纸"功能区中,❶搜索"分享好物";
❷找到一个合适的电商贴纸并单击其中的"添加到轨道"按钮➕,如图8-21所示。

步骤 02　执行上述操作后,即可将贴纸添加到轨道中,调整贴纸时长至与视频时长一致,如图8-22
所示。

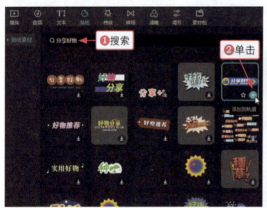

图8-21

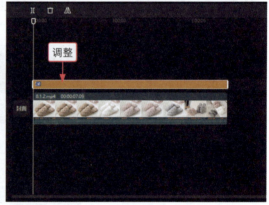

图8-22

步骤 03　在"播放器"面板中,调整贴纸的位置和大小,使其位于画面左上角,如图8-23所示。

步骤 04　用与上述方法同样的方法,在画面右下角添加一个特价贴纸,如图8-24所示。

图8-23

图8-24

2. 用剪映手机版制作

剪映手机版的操作方法如下。

步骤 01　在剪映手机版中，❶导入视频素材；❷点击"文字"|"添加贴纸"按钮，如图 8-25 所示。

步骤 02　❶搜索"分享好物"；❷选择一个贴纸；❸调整其位置和大小，如图 8-26 所示。

步骤 03　用与上述方法同样的方法，❶在画面右下角添加一个特价贴纸；❷调整两个贴纸的时长至与视频的时长一致，如图 8-27 所示。

图8-25

图8-26

图8-27

8.1.3　叠加显示多个商品：《棒球帽》

效果展示　使用剪映的"变暗"混合模式，可以让多个白底商品素材叠加显示在同一个画面中，从而制作趣味视频。《棒球帽》视频效果如图 8-28 和图 8-29 所示。

图8-28　　　　　　　　　　图8-29

1. 用剪映电脑版制作

剪映电脑版的操作方法如下。

步骤 01　在剪映电脑版中，导入 3 个九宫格视频素材和 4 个棒球帽白底视频素材，如图 8-30 所示。

步骤 02　❶将 3 个九宫格视频添加到视频轨道中；❷从第 10 帧开始，在画中画轨道中，每隔 10 帧添加一个棒球帽白底视频，并分别调整棒球帽白底视频的结束位置至与第 1 个九宫格视频的结束位置一致，效果如图 8-31 所示。

步骤 03　选择第 1 个棒球帽白底视频，❶在"画面"操作区中设置"混合模式"为"变暗"模式；❷在"播放器"面板中调整帽子的位置和大小，使其位于第 1 个格子中，效果如图 8-32 所示。

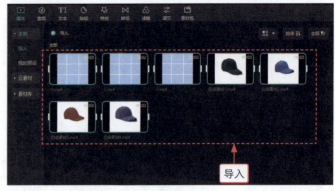

图8-30

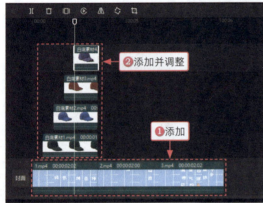

图8-31　　　　　　　　图8-32

步骤 04　执行上述操作后，用与上述方法同样的方法，制作其他 3 个棒球帽白底视频的叠加效果，如图 8-33 所示。

步骤 05　❶复制 4 个棒球帽白底视频；❷粘贴至第 2 个九宫格视频的位置，注意，结束位置与第 2 个九宫格视频的结束位置一致，如图 8-34 所示。

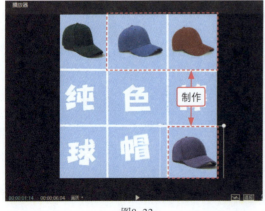
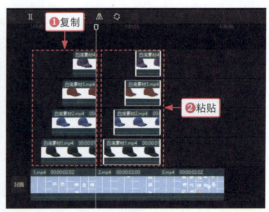

图8-33　　　　　　　　图8-34

步骤 06　执行上述操作后，在"播放器"面板中调整 4 个帽子的位置，效果如图 8-35 所示。

步骤 07　用与上述方法同样的方法，在 5s 的位置，复制第 1 个和第 2 个棒球帽白底视频，调整结束位置至与第 3 个九宫格视频的结束位置一致，并在"播放器"面板中调整帽子的位置，效果如图 8-36 所示。执行操作后，为视频添加合适的背景音乐。

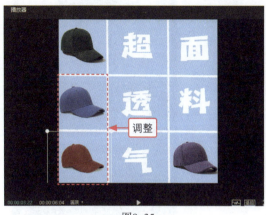
图8-35

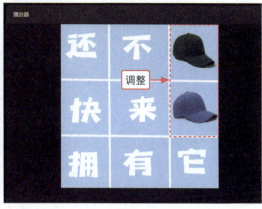
图8-36

2. 用剪映手机版制作

剪映手机版的操作方法如下。

步骤 01　在剪映手机版中，导入 3 个九宫格视频素材，如图 8-37 所示。

步骤 02　❶从第 10 帧开始，在画中画轨道中，每隔 10 帧添加一个棒球帽白底视频；❷分别调整棒球帽白底视频的结束位置至与第 1 个九宫格视频的结束位置一致，效果如图 8-38 所示。

步骤 03　❶选择第 4 个棒球帽白底视频；❷点击"混合模式"按钮，如图 8-39 所示。

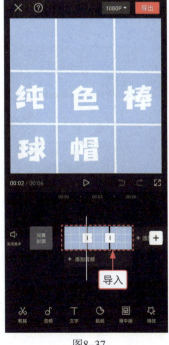
图8-37

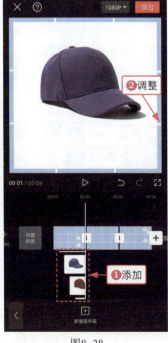
图8-38

图8-39

步骤 04　在"混合模式"面板中,选择"变暗"选项,如图 8-40 所示。用与上述方法同样的方法,为其他 3 个棒球帽白底视频设置"变暗"混合模式。

步骤 05　执行上述操作后,调整帽子的位置和大小,使其位于空白的格子中,效果如图 8-41 所示。

步骤 06　在第 2 个九宫格视频的位置,❶复制并粘贴 4 个棒球帽白底视频,注意,结束位置与第 2 个九宫格视频的结束位置一致;❷调整帽子的位置和大小,效果如图 8-42 所示。

步骤 07　用与上述方法同样的方法,在 5s 和 5s10f 的位置,❶复制并粘贴第 1 个和第 2 个棒球帽白底视频,调整其结束位置至与第 3 个九宫格视频的结束位置一致;❷调整帽子的位置,效果如图 8-43 所示。执行操作后,为视频添加合适的背景音乐。

图8-40

图8-41

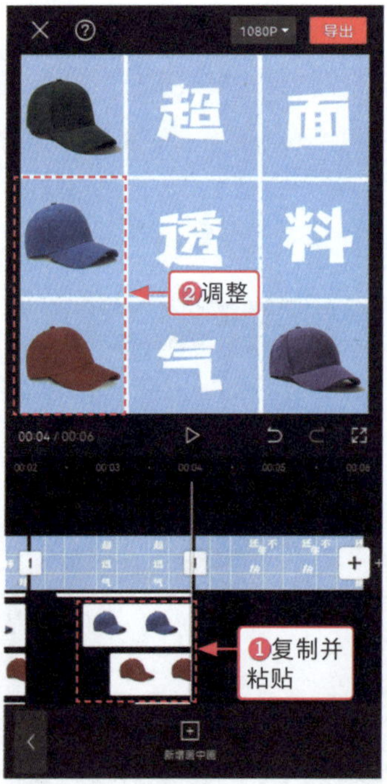

图8-42

图8-43

8.1.4　制作商品解说配音:《加湿器》

效果展示　使用剪映的"朗读"功能,能够将产品视频中的文字内容转化为语音,制作商品解说配音,提升消费者的观看体验。《加湿器》视频效果如图 8-44 和图 8-45 所示。

图8-44

图8-45

1. 用剪映电脑版制作

剪映电脑版的操作方法如下。

步骤 01 在剪映电脑版中，❶添加一个视频素材；❷在视频开始位置添加一个默认文本，调整文本的结束位置至00:00:01:10处，如图8-46所示。

步骤 02 在"文本"操作区中，❶输入文本内容；❷设置一个合适的字体；❸选择一个醒目的预设样式；❹在"播放器"面板中调整文本的位置和大小，如图8-47所示。

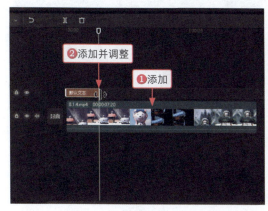

图8-46

图8-47

步骤 03 在"动画"操作区中，选择"生长"入场动画，如图8-48所示。

步骤 04 ❶复制制作的文本；❷分别在00:00:02:00、00:00:03:15、00:00:05:15的位置粘贴，并分别调整结束位置至00:00:03:00、00:00:05:00、00:00:07:20处，如图8-49所示。

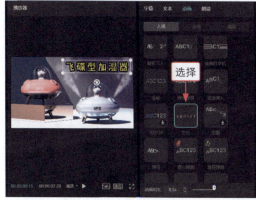

图8-48

图8-49

步骤 05　分别在"文本"操作区中修改文本内容后,分别在"播放器"面板中调整文本的位置和大小,并在"动画"操作区中设置最后一个文本的"动画时长"参数为1.0s,效果分别如图8-50至图8-53所示。

图8-50

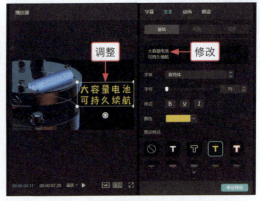

图8-51

图8-52

图8-53

步骤 06　选择第1个文本,在"朗读"操作区中,❶选择"娱乐扒妹"音色;❷单击"开始朗读"按钮,如图8-54所示。

步骤 07　执行上述操作后,❶生成配音音频并调整音频的位置;❷用与上述方法同样的方法生成其他文本的音频并调整音频的位置,如图8-55所示。执行操作后,即可为视频添加一段轻快的背景音乐。

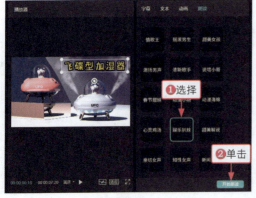

图8-54

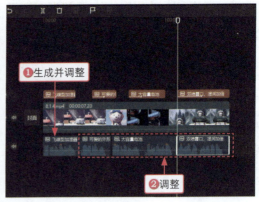

图8-55

在剪映中，"娱乐扒妹"音色听起来抑扬顿挫、有感染力，且声调轻快，很适合用来做商品解说。

2. 用剪映手机版制作

剪映手机版的操作方法如下。

步骤 01 在剪映手机版中，❶导入1个视频素材；❷点击"文字"｜"新建文本"按钮，如图8-56所示。

步骤 02 ❶输入文本内容；❷选择一个合适的字体，如图8-57所示。

步骤 03 在"样式"选项卡中，❶选择一个预设样式；❷调整文本的位置和大小，如图8-58所示。

图8-56

图8-57

图8-58

步骤 04 在"动画"选项卡中，选择"生长"入场动画，如图8-59所示。

步骤 05 ❶返回，调整文本的结束位置至1s10f处；❷复制制作的文本，分别粘贴至2s、3s15f、5s15f的位置，并分别调整结束位置至3s、5s、7s20f处；❸修改文本内容并调整文本的位置和大小，如图8-60所示。

步骤 06 选择最后一个文本，点击"编辑"按钮，在"动画"选项卡中设置最后一个文本的动画时长为1.0s，效果如图8-61所示。

步骤 07 ❶选择第1个文本；❷点击"文本朗读"按钮，如图8-62所示。

步骤 08 在"音色选择"面板中，❶选择"娱乐扒妹"音色；❷选中"应用到全部文本"复选框，如图8-63所示。

步骤 09 执行上述操作后即可生成配音音频，调整音频的位置，如图8-64所示。执行操作后，即可为视频添加一段轻快的背景音乐。

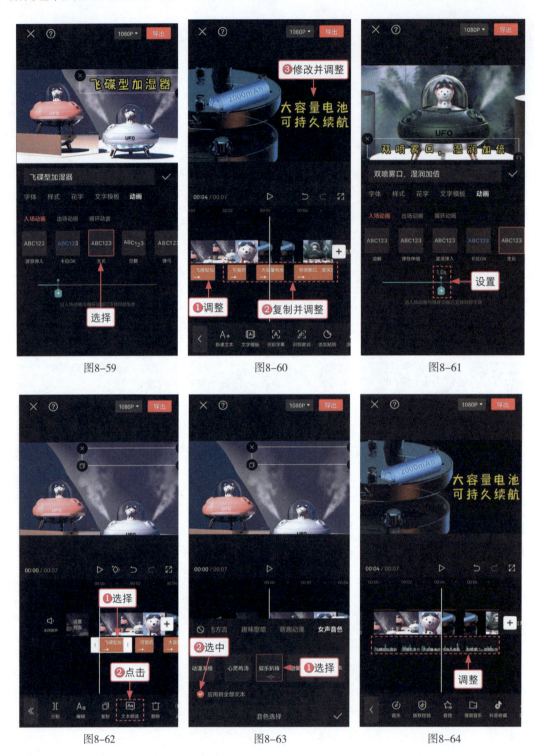

图8-59　　　　　　　图8-60　　　　　　　图8-61

图8-62　　　　　　　图8-63　　　　　　　图8-64

8.2 模特着装展示

相比于服装静物拍摄展示，消费者更愿意看到服装被模特穿上后的实际效果，因此，很多服装商家上传的主图视频是模特着装展示视频。本节将为大家介绍模特着装静态展示视频与动态展示视频的制作方法。

8.2.1 静态展示视频：《连衣裙》

效果展示 静态展示视频的主体内容是模特着装后拍摄的照片，后期通过添加动画、特效、字幕等，制作出主图视频。《连衣裙》静态展示视频的效果如图 8-65 至图 8-67 所示。

图8-65　　　　　　　　　图8-66　　　　　　　　　图8-67

1. 用剪映电脑版制作

剪映电脑版的操作方法如下。

步骤 01　在剪映电脑版中，添加 4 张照片至视频轨道中，如图 8-68 所示。

步骤 02　在"音频"功能区的"可爱"选项卡中，找到一首合适的音乐，单击其中的"添加到轨道"按钮➕，如图 8-69 所示。执行操作后，即可添加背景音乐。

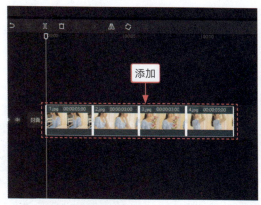 

图8-68　　　　　　　　　　　　　　　图8-69

步骤 03　❶选择背景音乐；❷单击"自动踩点"按钮；❸选择"踩节拍Ⅰ"选项，如图 8-70 所示，添加节拍点。

步骤 04　❶调整 4 张照片的结束位置至与前 5 个节拍点一一对应；❷调整背景音乐的时长，如图 8-71 所示。

207

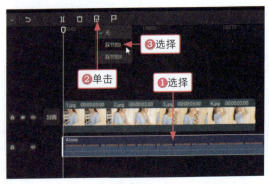 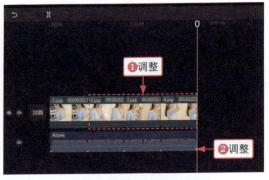

图8-70　　　　　　　　　　　　　图8-71

步骤 05　选择第 1 张照片后，在"动画"操作区的"组合"选项卡中，选择"荡秋千Ⅱ"组合动画，如图 8-72 所示。用与上述方法同样的方法，为第 2 张照片添加"荡秋千"组合动画、为第 3 张照片添加"荡秋千Ⅱ"组合动画、为第 4 张照片添加"缩放"组合动画。

步骤 06　在"特效"功能区的"Bling"选项卡中，单击"细闪"特效中的"添加到轨道"按钮 ➕，如图 8-73 所示。执行操作后，即可添加特效，调整特效时长至与音频时长一致。

 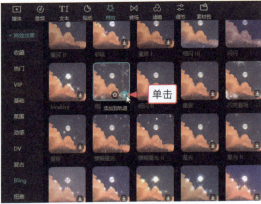

图8-72　　　　　　　　　　　　　图8-73

步骤 07　在"文本"功能区的"文字模板"｜"好物种草"选项卡中，单击"今日穿搭"中的"添加到轨道"按钮 ➕，如图 8-74 所示。执行操作后，即可添加文本，调整文本时长至与第 1 张照片的时长一致。

步骤 08　在"文本"操作区中，修改文本内容，如图 8-75 所示。

图8-74　　　　　　　　　　　　　图8-75

步骤 09　在"文本"功能区的"文字模板"|"好物种草"选项卡中,找到一个合适的文字模板,单击其中的"添加到轨道"按钮,如图 8-76 所示。执行操作后,即可添加第 2 个文本,调整文本的结束位置至与第 4 张照片的结束位置一致。

步骤 10　❶在"文本"操作区中修改文本内容;❷调整文本的位置和大小,如图 8-77 所示。

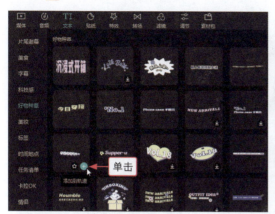
图8-76

图8-77

2. 用剪映手机版制作

剪映手机版的操作方法如下。

步骤 01　在剪映手机版中,❶导入 4 张照片;❷点击"音频"|"音乐"按钮,如图 8-78 所示。

步骤 02　在"添加音乐"界面中,选择"可爱"选项,如图 8-79 所示。

步骤 03　找到一首合适的音乐,点击右侧的"使用"按钮,如图 8-80 所示。

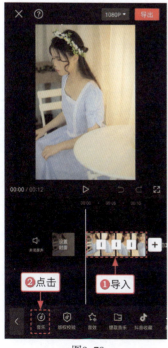
图8-78

图8-79

图8-80

步骤 04　①选择添加的背景音乐；②点击"踩点"按钮，如图8-81所示。

步骤 05　进入"踩点"面板，①点击"自动踩点"按钮；②选择"踩节拍Ⅰ"选项，如图8-82所示，添加节拍点。

步骤 06　①调整4张照片的结束位置至与前5个节拍点一一对应；②调整背景音乐的时长，如图8-83所示。

图8-81

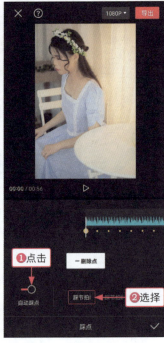
图8-82

图8-83

步骤 07　①选择第1张照片；②点击"动画"|"组合动画"按钮，如图8-84所示。

步骤 08　在"组合动画"面板中，选择"荡秋千Ⅱ"组合动画，如图8-85所示。用与上述方法同样的方法，为第2张照片添加"荡秋千"组合动画、为第3张照片添加"荡秋千Ⅱ"组合动画、为第4张照片添加"缩放"组合动画。

步骤 09　返回，点击"特效"|"画面特效"按钮，在"Bling"选项卡中，选择"细闪"特效，如图8-86所示。执行操作后，返回，调整特效时长至与音频时长一致。

步骤 10　在视频开始位置，点击"文字"|"文字模板"按钮，如图8-87所示。

步骤 11　①在"好物种草"选项区中选择"今日穿搭"文字模板；②修改文本内容，如图8-88所示。返回，调整文本时长至与第1张照片的时长一致。

步骤 12　在第2张照片的开始位置，点击"文字模板"按钮，①在"好物种草"选项区中选择一个合适的文字模板；②修改文本内容；③调整文本的位置和大小，如图8-89所示。返回，即可添加第2个文本，调整文本的结束位置至与第4张照片的结束位置一致。

• 第 8 章 • 展示：主图视频广告制作

图8-84

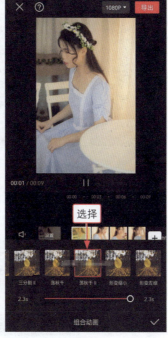

图8-85

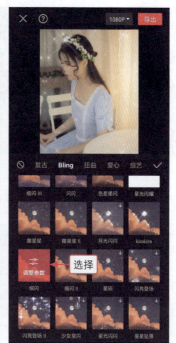

图8-86

图8-87

图8-88

图8-89

8.2.2 动态展示视频：《粉色休闲裤》

效果展示 动态展示视频的主体内容是模特着装后拍摄的视频，后期通过添加转场、特效、片头标题、音乐等，制作出主图视频。《粉色休闲裤》动态展示视频的效果如图 8-90 至图 8-93 所示。

图8-90

图8-91

图8-92

图8-93

1. 用剪映电脑版制作

剪映电脑版的操作方法如下。

步骤 01　在剪映电脑版中，添加 5 个视频至视频轨道中，如图 8-94 所示。

步骤 02　在"转场"功能区的"运镜"选项卡中，分别将"推近"转场、"拉远"转场、"向右"转场、"向左"转场添加至每两个视频之间，各转场效果如图 8-95 所示。

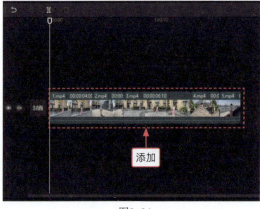
图8-94

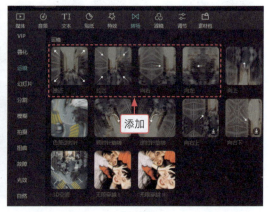
图8-95

步骤 03　在"特效"功能区的"基础"选项卡中，单击"纵向开幕"特效中的"添加到轨道"按钮，如图 8-96 所示。执行上述操作后，即可添加"纵向开幕"特效，调整特效时长为 2s。

步骤 04　将时间指示器拖曳至特效后方，在"特效"功能区的"边框"选项卡中，单击"录制边框"特效中的"添加到轨道"按钮，如图 8-97 所示。执行操作后，即可添加边框特效，调整特效的结束位置至 17s 处。

图8-96　　　　　　　　　　　　图8-97

步骤 05　拖曳时间指示器至 17s 的位置，在"特效"功能区的"基础"选项卡中，单击"横向闭幕"特效中的"添加到轨道"按钮 ，如图 8-98 所示。执行操作后，即可添加闭幕特效，调整特效的结束位置至与视频的结束位置一致。

步骤 06　执行上述操作后，将时间指示器拖曳至视频开始位置，在"文本"功能区的"文字模板"｜"片头标题"选项卡中，找到一个合适的文字模板，单击"添加到轨道"按钮 ，如图 8-99 所示。

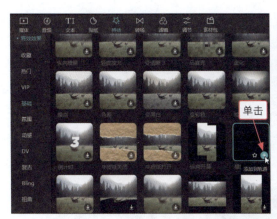
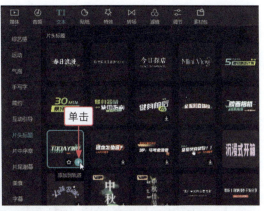

图8-98　　　　　　　　　　　　图8-99

步骤 07　执行上述操作后，即可添加文本，在"文本"操作区中，分别修改两段文本内容，如图 8-100 所示。执行操作后，即可添加一段轻快的背景音乐。如果用户有需要，

图8-100

还可以在视频中添加服装特点和卖点等字幕。

2. 用剪映手机版制作

剪映手机版的操作方法如下。

步骤 01　在剪映手机版中，❶导入 5 个视频素材；❷点击第 1 个和第 2 个视频之间的 按钮，如图 8-101 所示。

步骤 02　在"运镜"选项卡中，选择"推近"转场，如图 8-102 所示。执行操作后，用与上述方法同样的方法，在第 2 个和第 3 个视频之间、第 3 个和第 4 个视频之间、第 4 个和第 5 个视频之间分别添加"拉远"转场、"向右"转场、"向左"转场。

图 8-101

图 8-102

步骤 03　返回，点击"特效"｜"画面特效"按钮，在"基础"选项卡中，选择"纵向开幕"特效，如图 8-103 所示。

步骤 04　点击 ✓ 按钮返回，❶调整特效时长为 2s；❷用与上述方法同样的方法，在 2s 处添加"边框"选项卡中的"录制边框"特效，调整特效的结束位置至 17s；❸在 17s 处添加"基础"选项卡中的"横向闭幕"特效，调整特效的结束位置至与视频的结束位置一致，如图 8-104 所示。

步骤 05　将时间轴拖曳至视频开始位置，新建一个文本，在"文字模板"｜"片头标题"选项卡中，❶选择一个合适的文字模板；❷修改文本内容，如图 8-105 所示。执行操作后，即可添加一段轻快的背景音乐。

图 8-103

图 8-104

图 8-105

8.3 商品详情展示

商品详情展示是指商品详情页中的图片和文字,用于更直接、简练地突显商品的卖点和亮点信息。本节将为大家介绍商品 PPT 式展示和内页详情展示这两种商品详情展示视频的制作方法。

8.3.1 商品PPT式展示:《复古音响》

效果展示 在剪映中制作商品 PPT 式展示视频时,可以先制作一个 PPT 背景视频,再为商品素材添加蒙版和动画效果,使画面更为美观。《复古音响》视频效果如图 8-106 至图 8-109 所示。

图8-106

图8-107

图8-108

图8-109

1. 用剪映电脑版制作

剪映电脑版的操作方法如下。

步骤 01　在剪映电脑版中,❶将 PPT 背景视频添加到视频轨道中;❷将 4 个商品素材依次添加到画中画轨道中,调整前 3 个素材的时长均为 2s 后,调整最后一个素材的结束位置至与背景视频的结束位置一致,如图 8-110 所示。

步骤 02　在"播放器"面板中,将第 1 个商品素材画面移至左侧空白处,如图 8-111 所示。

步骤 03　❶在"蒙版"选项卡中选择"矩形"蒙版;❷在"播放器"面板中调整蒙版的大小、位置、圆角、羽化程度,如图 8-112 所示。

步骤 04　执行上述操作后，在"动画"操作区的"组合"选项卡中，选择"碎块滑动"组合动画，如图 8-113 所示。用与上述方法同样的方法，调整其他 3 个商品素材的画面位置，为第 2 个商品素材添加"圆形"蒙版、"左拉镜"组合动画；为第 3 个商品素材添加"星形"蒙版、"悠悠球"组合动画；为第 4 个商品素材添加"镜面"蒙版、"百叶窗Ⅱ"组合动画，完成对商品 PPT 式展示效果的制作。

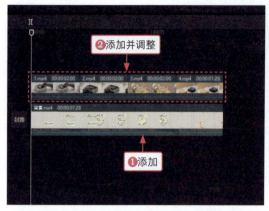

图8-110

图8-111

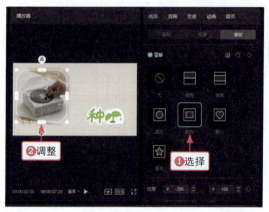

图8-112

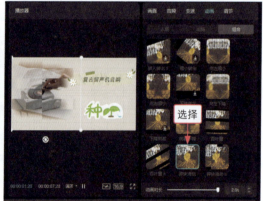

图8-113

制作 PPT 背景视频时，可以将商品文案一并添加，只需要在画面中预留空白位置，以便后续添加商品素材即可。

如果大家觉得这样不方便，也可以准备好背景素材，添加完商品素材后，再添加商品文案和贴纸等。

2. 用剪映手机版制作

剪映手机版的操作方法如下。

步骤 01　在剪映手机版中，❶将 PPT 背景视频导入视频轨道中；❷将 4 个商品素材依次添加到画中画轨道中，调整前 3 个素材的时长均为 2s 后，调整最后一个素材的结束位置至与背景视频的结束位置一致；❸调整 4 个商品素材的画面位置和大小，使画面位于背景视频中的空白位置，如图 8-114 所示。

步骤 02　选择第 1 个商品视频，点击"蒙版"按钮，❶在"蒙版"面板中选择"矩形"蒙版；❷调整蒙版的大小、位置、圆角、羽化程度，如图 8-115 所示。用与上述方法同样的方法，为第 2 个商品素材添加"圆形"蒙版、为第 3 个商品素材添加"星形"蒙版、为第 4 个商品素材添加"镜面"蒙版。

步骤 03　选择第 1 个商品视频，点击"动画"|"组合动画"按钮，在"组合动画"面板中，选择"碎块滑动"组合动画，如图 8-116 所示。用与上述方法同样的方法，为第 2 个商品素材添加"左拉镜"组合动画、为第 3 个商品素材添加"悠悠球"组合动画、为第 4 个商品素材添加"百叶窗Ⅱ"组合动画，完成对商品 PPT 式展示效果的制作。

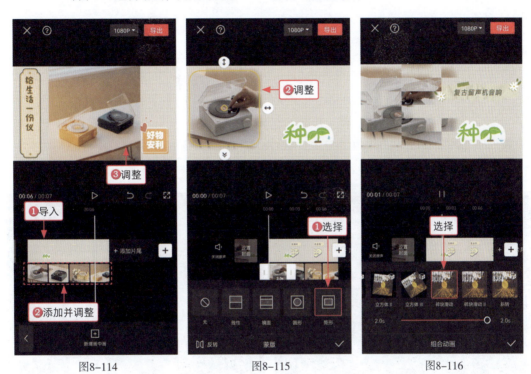

图8-114　　　　　　图8-115　　　　　　图8-116

8.3.2　内页详情展示：《图书宣传》

效果展示　在剪映中制作内页详情展示视频，需要将制作好的素材按照一定的顺序添加至视频轨道中，例如由远及近、由外观到功能等，重在展现图书的封面、特色、内页细节等信息。《图书宣传》视频效果如图 8-117 至图 8-120 所示。

图8-117

图8-118

图8-119

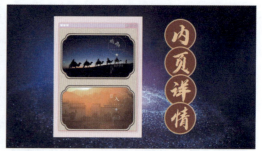
图8-120

1. 用剪映电脑版制作

剪映电脑版的操作方法如下。

步骤 01　在剪映电脑版中，❶将背景视频添加到视频轨道中；❷将封面图、实体书视频和内页详情视频依次添加到画中画轨道中，调整封面图时长为5s，调整背景视频的结束位置至与内页详情视频的结束位置一致，如图8-121所示。

步骤 02　❶在"播放器"面板中调整封面的大小和位置（缩放画面80%左右即可）；❷在"动画"操作区中选择"向左滑动"入场动画；❸设置"动画时长"参数为1.0s，如图8-122所示。

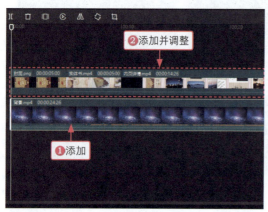
图8-121

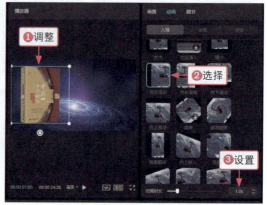
图8-122

步骤 03　在1s处添加一个默认文本，调整文本的结束位置至与封面的结束位置一致，在"文本"操作区中，❶输入文本内容；❷设置一个合适的字体；❸在"播放器"面板中调整文本的位置和大小，如图8-123所示。

步骤 04　在"动画"操作区中，❶选择"逐字显影"入场动画；❷设置"动画时长"参数为1.0s，如图8-124所示。

步骤 05　在2s处复制并粘贴文本，调整文本的结束位置至与封面的结束位置一致，在"文本"操作区中，❶修改文本内容；❷选择一个预设样式；❸在"播放器"面板中调整文本的位置和大小，如图8-125所示。

步骤 06　在"动画"操作区中，选择"溶解"入场动画，如图8-126所示。

步骤 07　参考上述操作与前文所学，❶根据需要调整实体书视频和内页详情视频的画面大小；❷为视频添加对应的文案（具体操作请扫码查看教学视频），效果分别如图8-127和图8-128所示。

• 第 8 章 • 展示：主图视频广告制作

图8-123　　　　　　　　　　　图8-124

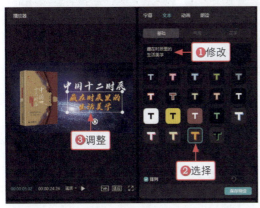

图8-125　　　　　　　　　　　图8-126

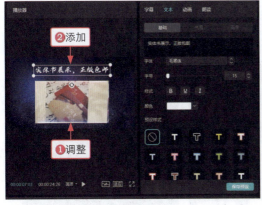

图8-127　　　　　　　　　　　图8-128

2. 用剪映手机版制作

剪映手机版的操作方法如下。

步骤 01　在剪映手机版中，❶将背景视频添加到视频轨道中；❷将封面图、实体书视频和内页详情视频依次添加到画中画轨道中，调整封面图时长为 5s，调整背景视频的结束位置至与实体书的结束位置一致，如图 8-129 所示。

步骤 02　❶调整封面的大小和位置；❷点击"动画"|"入场动画"按钮（图中无指示，读者可自行操作），选择"向左滑动"入场动画；❸设置动画时长为 1.0s，如图 8-130 所示。

219

步骤 03　在1s处新建一个文本，❶输入文本内容；❷选择一个合适的字体；❸调整文本的位置和大小，如图8-131所示。

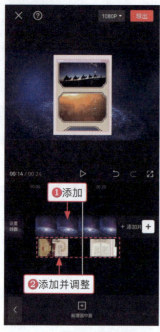

图8-129

图8-130

图8-131

步骤 04　在"动画"选项卡中，❶选择"逐字显影"入场动画；❷设置动画时长为1.0s，如图8-132所示。返回，调整文本的结束位置至与封面的结束位置一致。

步骤 05　在2s处复制并粘贴文本，调整文本的结束位置至与封面的结束位置一致，点击"编辑"按钮，❶修改文本内容；❷选择一个预设样式；❸调整文本的位置和大小，如图8-133所示。

步骤 06　在"动画"选项卡中，选择"溶解"入场动画，如图8-134所示。

图8-132

图8-133

图8-134

步骤 07 参考上述操作与前文所学，❶根据需要调整实体书视频和内页详情视频的画面大小；❷为视频添加对应的文案（具体操作请扫码查看教学视频），效果分别如图8-135和图8-136所示。

图8-135　　　　　　　　　图8-136

课后实训：添加动画展示商品

效果展示　在剪映中给商品素材添加动画效果，可以让素材动起来，这样在播放商品视频的时候，画面会更加生动。《猫咪香包》视频效果如图8-137和图8-138所示。

图8-137　　　　　　　　　图8-138

本案例制作步骤如下。

将准备好的5个商品素材和背景音乐添加到视频轨道及音频轨道中，如图8-139所示。

选择第 1 个素材，在"动画"操作区的"组合"选项卡中，选择"拉伸扭曲"组合动画，如图 8-140 所示。

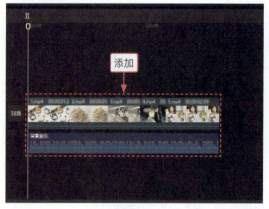

图 8-139

图 8-140

用与上述方法同样的方法，分别为第 2 个素材至第 5 个素材添加"缩小弹动"组合动画、"波动滑出"组合动画、"滑入波动"组合动画和"抖入放大"组合动画，效果分别如图 8-141 至图 8-144 所示。

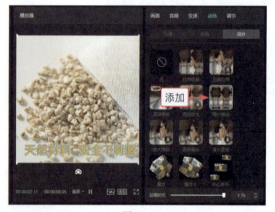

图 8-141

图 8-142

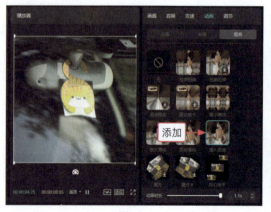

图 8-143

图 8-144

附录　剪映快捷键大全

为方便读者快捷、高效地学习,笔者特意对剪映电脑版快捷键进行了归类说明,如下所示。

操作说明	快捷键	
时间线	Final Cut Pro X 模式	Premiere Pro 模式
分割	Ctrl + B	Ctrl + K
批量分割	Ctrl + Shift + B	Ctrl + Shift + K
鼠标选择模式	A	V
鼠标分割模式	B	C
主轨磁吸	P	Shift + Backspace（退格键）
吸附开关	N	S
联动开关	~	Ctrl + L
预览轴开关	S	Shift + P
轨道放大	Ctrl ++（加号）	+（加号）
轨道缩小	Ctrl +-（减号）	-（减号）
时间线上下滚动	滚轮上下	滚轮上下
时间线左右滚动	Alt +滚轮上下	Alt +滚轮上下
启用 / 停用片段	V	Shift + E
分离 / 还原音频	Ctrl + Shift + S	Alt + Shift + L
手动踩点	Ctrl + J	Ctrl + J
上一帧	←	←
下一帧	→	→
上一分割点	↑	↑
下一分割点	↓	↓
粗剪起始帧 / 区域入点	I	I
粗剪结束帧 / 区域出点	O	O
以片段选定区域	X	X
取消选定区域	Alt + X	Alt + X
创建组合	Ctrl + G	Ctrl + G
解除组合	Ctrl + Shift + G	Ctrl + Shift + G

续表

操作说明	快捷键	
唤起变速面板	Ctrl + R	Ctrl + R
自定义曲线变速	Shift + B	Shift + B
新建复合片段	Alt + G	Alt + G
解除复合片段	Alt + Shift + G	Alt + Shift + G

操作说明	快捷键	
播放器	Final Cut Pro X 模式	Premiere Pro 模式
播放/暂停	Spacebar（空格键）	Ctrl + K
全屏/退出全屏	Ctrl + Shift + F	~
取消播放器对齐	长按 Ctrl	V

操作说明	快捷键	
基础	Final Cut Pro X 模式	Premiere Pro 模式
复制	Ctrl + C	Ctrl + C
剪切	Ctrl + X	Ctrl + X
粘贴	Ctrl + V	Ctrl + V
删除	Delete（删除键）	Delete（删除键）
撤销	Ctrl + Z	Ctrl + Z
恢复	Shift + Ctrl + Z	Shift + Ctrl + Z
导入媒体	Ctrl + I	Ctrl + I
导出	Ctrl + E	Ctrl + M
新建草稿	Ctrl + N	Ctrl + N
切换素材面板	Tab（制表键）	Tab（制表键）
退出	Ctrl + Q	Ctrl + Q

操作说明	快捷键	
其他	Final Cut Pro X 模式	Premiere Pro 模式
字幕拆分	Enter（回车键）	Enter（回车键）
字幕拆行	Ctrl + Enter	Ctrl + Enter